LA PERLE
3
PERLE
GALLIC

Legenden

Umschlagvorderseite: Hugo Koblet, der Tour-de-France-Sieger 1951, kämmt sich am Ziel. Der «Pédaleur de charme» weiss, was er seinem Image schuldig ist.

Umschlagrückseite: Legendäre Soloflucht an der Tour de France 1951: Hugo Koblet deklassiert seine Gegner zwischen Brive-la-Gaillarde und Agen.

Vorderer Vorsatz: Vor dem Start der Tour de France 1951 in Metz.

Hinterer Vorsatz: Von Brive-la-Gaillarde nach Agen zieht Hugo Koblet davon wie ein Derny. Aufnahme aus dem Wagen des Tour-Direktors Jacques Goddet.

Seite 6/7: Hugo Koblet nach der Einschreibung am Abend vor dem Start zur Tour de Suisse 1951.

Seite 8/9: Der strahlende Sieger der Tour de France 1951 im «Parc des Princes» in Paris.

Seite 10/11: Trotz der Strapazen an der Tour de France ist Hugo Koblet stets zu Spässen aufgelegt.

Glossar

Américaine	Zweier-/Dreier-Bahn-Mannschaftsfahren
Beiz	Restaurant
Chilbi	Kirchweih
Collé	Schlauchreifen
Derny	kleines Schrittmachermotorrad
Domestike	Helfer
Feuersteine	Bonbons
Gregario	Helfer
Kippe	Absprache
Kombine	Absprache
Kreis Cheib	Stadtkreis 4 von Zürich
Musette	Verpflegungssack
Nötli	Geldschein
Pistard	Bahnfahrer
Stückli	Patisserie
Wädlitempel	Hallenstadion Zürich
Wasserträger	Helfer
Züri-Metzgete	Meisterschaft von Zürich

www.as-verlag.ch

Gestaltung: www.vonarxgrafik.ch, Heinz von Arx, Urs Bolz, Zürich
Lektorat: Monika Schib Stirnimann, Basel
Korrektorat: Brigitte Frey, Kaiseraugst
Druckvorstufe: Matthias Weber, Zürich
Fotolithos: Ast & Jakob AG, Köniz
Druck: Sihldruck AG, Zürich
Einband: Josef Spinner Grossbuchbinderei GmbH, Ottersweier
ISBN 3-909111-18-1

Der Verlag und die Autoren danken Andy Rihs, Phonak cycling team, Stäfa, der Ulrico Hoepli-Stiftung Zürich, dem Lotteriefonds des Kantons Zürich, dem Präsidialdepartement der Stadt Zürich und der Sihldruck AG, Zürich, welche die Herausgabe dieses Buches gefördert haben.

Phonak
cycling team

Der «Pédaleur de charme»

HUGO KOBLET

Texte von
Martin Born
Hanspeter Born
Sepp Renggli

Herausgegeben von
Peter Schnyder

AS Verlag

LAINES
JAUNE

LA PERLE

Inhalt

LA PERLE

« Pédaleur de charme »

Ein Schweizer Star

Hanspeter Born

Seite 12/13: Der geborene Star Hugo Koblet vor dem Start der Tour de France 1951.

Vorangehende Doppelseite: Stets gefragt für Autogramme an der Tour de France 1951. Für die Wünsche seiner Fans nimmt Hugo Koblet sich immer Zeit.

Aus Anlass von Hugo Koblets Tour-de-France-Sieg erschien eine Schweizer Sonderausgabe von «MIROIR Sprint». Rechts im Bild der Technische Direktor von Koblets Rennstall «La Perle», Francis Pélissier.

«Dem Mimen flicht die Nachwelt keine Kränze.» Dieses Schillerwort gilt noch mehr für Schweizer Sportgrössen. Wer ausser den Zeitgenossen, die in die Jahre gekommen sind, kennt noch den wunderbaren Grasshopper-Rechtsaussen Fredy Bickel, der, obschon am Schluss dick und langsam geworden, seine Gegenüber diebisch narrte und traumhafte Flanken schlug? Oder den Basler Mittelstürmer Seppe Hügi, der an einem denkwürdigen Abend im «Joggeli» einer erstklassigen französischen Nationalmannschaft fünf Töpfe ins Netz setzte? Oder eben Hugo Koblet, den ein italienischer Radsportkenner an einer Sendung des italienischen Fernsehens während des Giro 2005 den «schönsten Stylisten» mit der «più bella pedalata» aller Zeiten nannte?

In vielen andern Ländern verehrt die Nachwelt und verehren nicht zuletzt die Schriftsteller, Künstler und Intellektuellen ihre Sportgrössen. Wie viele amerikanische Romane und Sachbücher von hoher literarischer Qualität sind der Magie des Baseballspiels gewidmet und dessen Giganten wie Babe Ruth, Ted Williams oder Joe di Maggio. «Where have you gone, Joe di Maggio», singen Simon und Garfunkel im Film «The Graduate». Das Olympiastadion in Helsinki ziert eine Statue des Wunderläufers Paavo Nurmi, den Franzosen bleibt der Mittelgewichtsweltmeister Marcel Cerdan auch 60 Jahre nach seinem Tod bei einem Flugzeugabsturz unvergessen, in England weiss jedes Kind, wer Stanley Matthews war oder W. G. Grace, obschon der Letztere, ein vollbärtiger, Cricket spielender Arzt, bereits seit neunzig Jahren unter der Erde liegt.

Die Italiener treiben einen wahren Kult um ihre Campionissimi. Als Marco Pantani 2004 in einem einsamen Hotelzimmer in Rimini an einer Überdosis Kokain starb, füllten seriöse Zeitungen wie der «Corriere della Sera» oder die «Repùbblica» während Tagen mehrere Seiten mit Berichten und Würdigungen des «Piraten». «Vai Girardengo, vai grande campione», singt Francesco di Gregori; Girardengo, Binda, und Guerra, Gino Bartali und Fausto Coppi leben im Herzen der Italiener weiter. Auf einem Berg am Comersee, den die Fahrer jeweils an der Lombardeirundfahrt erklimmen, kann man in einer Kapelle dem Fahrrad und dem Trikot Coppis die Ehre erweisen und eine Metallskulptur des vielleicht grössten Radrennfahrers aller Zeiten bewundern.

Wir nüchternen Deutschschweizer sind da anders. Es brauchte schon das quicklebendige Tessiner Fernsehen, um 1997, 34 Jahre nach dem Tod des «Pédaleur de charme», einen bewegenden Dokumentarfilm über dessen fabelhafte Karriere zu drehen. Welchen Stellenwert bei uns Sportlegenden haben, zeigt folgende kleine Anekdote: Hugo Koblet wurde auf eigenen Wunsch auf dem Zürcher Friedhof Rehalp im Grab seiner Mutter beigesetzt, und sein Name wurde auf dem Grabstein von Helen Koblet-Gross nachträglich hinzugefügt. Nach der üblichen Frist wurde das Grab «ordnungsgemäss» aufgelöst. Radsportfans retteten immerhin den Grabstein und stellten ihn bei der offenen Rennbahn Oerlikon auf – den Namen von Mutter Koblet durch ein Metallschildchen überdeckt. Ob Hugo das gewollt hätte? Und ob die für den Friedhof zuständigen Instanzen mit der letzten Ruhestätte eines Stadtrats, eines Obristen oder eines Schriftstellers ähnlich umgesprungen wären?

Über die verschiedenen Gründe, weshalb die Schweizer Nachwelt einem wahrhaft ausserordentlichen Eidgenossen wie Hugo Koblet keine Kränze geflochten hat, lässt sich bloss mutmassen. Einerseits mag dies mit der Schweizer Mentalität zusammenhängen, die nicht wie Vergil «fortia facta patrum», die Heldentaten der Vorväter, besingt, sondern mit Vorliebe deren Verfehlungen und Unterlassungen beklagt. In unserer schnelllebigen Zeit hat die Geschichte und auch die Sportgeschichte keine Konjunktur. Kommt dazu, dass wir Schweizer von alters her allen misstrauen, die über das Mittelmass hinausreichen. Mit «grossen Männern», ob mit Hans Waldmann im Inland oder Karl dem Kühnen im Ausland, haben wir keine guten Erfahrungen gemacht. Bei hervorragenden Menschen, die Nützliches geleistet haben, suchen wir mit Vorliebe das Haar in der Suppe. Ein Beispiel für eine zu Unrecht von ihren Mitbürgern ausgestossene Persönlichkeit von historischem Rang ist der Weltkriegs-Bundesrat Marcel Pilet-Golaz, der zweifellos verdienstvollste Schweizer Staatsmann des letzten Jahrhunderts. Der Waadtländer Bundesrat hatte wie Koblet den Nachteil, brillant und stilvoll zu sein, Qualitäten, die wir beargwöhnen. Seriös und bieder ist uns lieber. Kommt dazu, dass der deutsche Kulturkreis streng scheidet zwischen den Höhen des Geistes und den Niederungen des Körpers. Albert Camus hat einmal gesagt, alles Wesentliche, das er über die Menschen wisse, habe er (als Torhüter) auf dem Fussballplatz gelernt. Schon die ersten Tours de

MIROIR sprint

ÉDITION SUISSE

55 ct

HUGO KOBLET INATTAQUABLE

LE VAINQUEUR DU 38e TOUR DE FRANCE A ÉTÉ ACCUEILLI COMME IL LE MÉRITAIT PAR LE PUBLIC PARISIEN A L'ARRIVÉE AU PARC.

★

30 JUILLET 1951

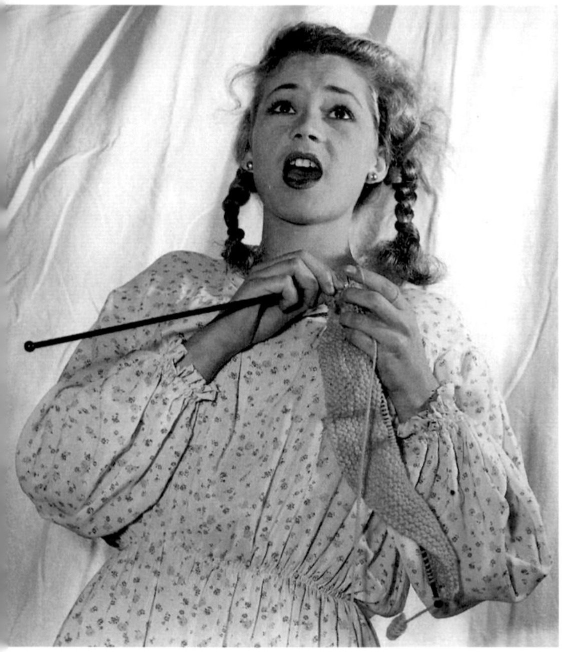

An einen grossen Mann

Ich lisme, ich lisme,
weil ich nicht schlafen kann,
ich lisme, ich lisme
für einen grossen Mann.
Ich sehe nichts und höre kaum,
ich lisme nur noch wie im Traum
und flüstere pro Masche stets
den Anfang des Gebets:

Oh Wiehnachtskind, oh Wiehnachtskind,
mach, dass der Hugo immer gwinnt!

Und zabig im Bettli
macht er mich ganz verruckt!
ich schnitt aus dem Blettli
sein Brustbild, farbgedruckt;
an der Plakatwand, frisch vom Leim,
riss ich ihn ab und nahm ihn heim
und find' ich weder Schlaf noch Ruh,
so seufzge ich ihm zu:

Oh Hugo my, oh Hugo my,
ich möcht' dy nächscht' Etappe sy!

Für mich kommst du an erster Stell,
grad zwanzig Längen vor dem Tell,
und fünfzig vor dem Ferdynand,
du gutgekämmter Radgigant!
Geputzt hast du für d'Schwyz, für eus,
du Winkelried des Velopneus,
in Staub und Pflutter unterwegs,
bleibst du der Pédaliste de sexe -

Heil dir, heil dir, Helvetia!
Hast noch den Hugo Koblet ja!

Mein As aller Asse,
ich schick dir tuusig Wünsch,
mein Mozart der Strasse,
dass d'jedes Renne gwünnsch!
Oh miechtsch mit mir du ein privats,
du mein Kentaur des Hinterrads,
oh wär ich einmal nur dein Ziel,
Apollo du von Aussersihl!

Ich wüsst noch manches Kosewort,
weisch, Hugo, lese drum den «Sport»!

Cabaret Federal 1951: Margrit Läubli singt
das «Nachtgebet an einen grossen Mann»,
Text César Keiser, Foto M. Wolgensinger

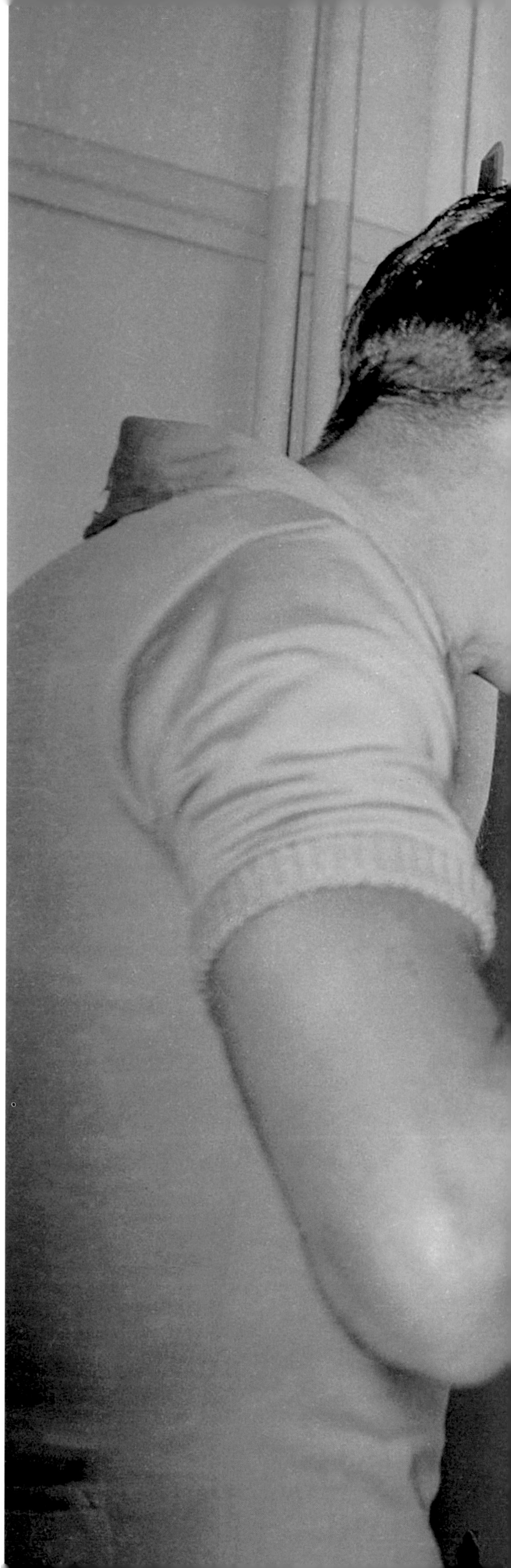

Diese Zeichnung des Tour-Siegers vom bekannten französischen Karikaturisten Pellos trägt den Titel: Ce qui s'appelle «Faire cavalier seul» – Das nennt man «den anderen davongaloppieren».

20. Jahrhundert ist reich an Beispielen von irregeleiteten Völkern, die üble Diktatoren in den Himmel hoben. In unseren Tagen kommt es vor, dass die Herzen der Jungen und der Nichtmehrjungen irgendwelchen von der PR-Industrie aufgeblasenen und vom Fernsehen vermarkteten Pseudosternen zufliegen, deren einzige Leistung ihr Aussehen ist. Wen bewundern wir heute? Die Promis. Weswegen «Celebrities» berühmt, Promis prominent sind, ist zweitrangig.

Hugo Koblet war kein Promi. Ein Mythos? Vielleicht. Eine Legende? Sicher. Was Hugo Koblet vor all seinen Landsleuten auszeichnete: Er war ein Star. Die Schweiz hat im 20. Jahrhundert herausragende Schriftsteller und Künstler hervorgebracht – Frisch, Dürrenmatt, Giacometti –, auch Forscher, Pioniere, Wissenschafter, Sportsleute und Schauspieler von Rang, aber Stars? Ausser Koblet wüsste ich keinen.

Tour de France – sein schönster Sieg

Martin Born

Am Abend vor dem Start der 38. Tour de France in Metz begutachten Hugo Koblet und Francis Pélissier das Trikot.

Zusammen mit seinem Masseur Ernesto Ferre und seinem Mannschaftskollegen Hans Sommer kontrolliert und zählt Hugo Koblet die 70 teuren Collés von bester Qualität.

In Italien bei «L. Guerra» und in Frankreich bei «La Perle»

«Hugi, wenn du nach Metz kommst, sind die schon lange abgefahren, glaub es mir.» Es ist wie immer vor einer grossen Rundfahrt. Hugo Koblet, der am Vortag noch ein letztes Rennen in Neuenburg bestritten hat, muss noch tausend Sachen erledigen, telefoniert in der Gegend herum, besucht seinen Arzt und Freund Geni Rupf, der ihm eine erstklassige Gesundheit bescheinigt, und so zögert sich die Abfahrt nach Metz so lange heraus, bis die Mutter unruhig wird.

Ähnlich ergeht es Francis Pélissier, dem Direktor seines Rennstalls «La Perle», der ihn in Metz erwartet. Dreimal fährt der dreifache französische Meister der Zwanzigerjahre zum Bahnhof, um den Fahrer, der seine Marke bekannt machen soll, dort abzuholen, dreimal tut er es vergeblich. Koblet, der Autofan, konnte sich auch diesmal nicht entschliessen, mit dem Zug zu reisen. Er fährt mit den Kollegen im voll bepackten Auto, was den Vorteil hat, dass sich die Abreisezeit flexibel gestalten lässt.

Auch wenn er das auf Seiten 132 beschriebene legendäre Tour-de-Suisse-Duell gegen Ferdy Kübler knapp und mit viel Pech verloren hat, erfreut sich Koblet einer grossartigen Form. Und er ist wieder einmal verliebt. Vor einem Jahr, beim Kriterium von Basel, hat er die österreichische Filmschauspielerin Waltraud Haas kennen gelernt, deren «Mariandl» man heute als Welthit bezeichnen würde. In der Zwischenzeit hat er zusammen mit seiner Mutter die Schöne in Wien besucht. Die Kollegen finden es bemerkenswert, dass sich Mutter und «Mariandl» seither duzen.

Hugos grosse Liebe zuvor war Ruth Böhler gewesen, eine Krankenschwester aus Schaffhausen, die, wie Sechstagepartner Armin von Büren noch fünfzig Jahre später überzeugt sein wird, perfekt zu ihm gepasst und sein Leben nach dem Radsport in andere Bahnen gelenkt hätte. Kurz vor dem Girosieg 1950 ging die Liebschaft in Brüche. Hugo, so empfanden es die Kollegen, war noch nicht bereit für eine dauerhafte Liaison. Er schwärmte Ruth immer wieder von Reisen vor, die er in der nächsten Zeit zu unternehmen gedenke, und zwar so oft, dass schliesslich sie tat, wovon er immer redete, und sich für ein halbes Jahr als Krankenschwester in England verpflichtete. Nach ihrer Rückkehr machte sie Schluss mit ihm. Möglich, dass Hugo erleichtert war. Heiraten war für ihn kein Thema. Er war allzeit bereit für Abenteuer und hatte nichts gegen Frauen, die ihm zuflogen – und in seinem Bett landeten –, doch er hütete sich davor, Frauen, die einen seriösen Eindruck machten, zu verführen und ihnen das Blaue vom Himmel zu versprechen, auch wenn sie bildhübsch waren.

Hugo Koblets grösstes Problem vor der Abreise nach Metz ist das Bereitstellen des Materials. Das betrifft insbesondere die Collés, die in der Vergangenheit seinem stattlichen Gewicht von gegen 80 Kilo oft nicht widerstanden haben. Schliesslich hat er die Tour de Suisse vor allem deswegen nicht gewonnen. Für die Tour de France beschafft er sich 70 Collés der besten Qualität. Das braucht nicht nur viel Zeit, sondern kostet auch viel Geld, bevor auch nur der erste Franc in der Kasse ist.

Zu seinem erstmaligen Start in der Tour de France hat sich Koblet nach dem Giro d'Italia entschlossen. Das «Training in den Bergen», so fand er nach dem sechsten Rang in Italien, habe ihm gut getan. Die endgültige Entscheidung fiel dann in der Tour de Suisse, nach der Etappe von Luzern, als er Francis Pélissier ein Telegramm schickte und ihn bat, das Material bereitzustellen. Vom Verband, der das Team selek-

tionieren musste, hatte er bis zu jenem Zeitpunkt noch nichts gehört. Das lag vor allem daran, dass lange nicht feststand, was Ferdy Kübler, der die Tour im Vorjahr als erster Schweizer gewonnen hatte, beabsichtigte. Ein Schweizer Zwölferteam mit K und K an der Spitze war so etwas wie ein Traum, aber auch ein gefährliches Unterfangen, wenn man sich an die Probleme erinnerte, die Italiens Teamchef Alfredo Binda hatte, als er Fausto Coppi und Gino Bartali in einer Mannschaft vereinigen musste. Als Hugo Koblet im Giro darauf angesprochen wurde, antwortete er: «Ferdy ist ein guter Kerl, ein bisschen nervös vielleicht, aber sehr loyal. Wenn es so weit ist und die Tour de France in die entscheidende Phase kommt, wird die Strasse entscheiden, wer der Bessere von uns ist.»

Nach dem heroischen Duell am Flüela, bei dem Koblet die Etappe in Davos und Kübler die Tour de Suisse gewann und die beiden gemeinsam eine denkwürdige Ehrenrunde drehten, besuchte Carl Senn, der Verbandspräsident, Koblet in seinem Hotelzimmer und teilte ihm mit, dass er für die Tour selektioniert sei. Kübler habe von sich aus verzichtet, er sei nach dem harten Frühjahr mit den Classiques im Norden, dem Giro d'Italia und der Tour de Suisse mit seinen Kräften am Ende. Er wog nach der Tour de Suisse noch 69 Kilo und blieb damit vier Kilo unter seinem Formgewicht. «Es wäre ein Verbrechen, Kübler in der aktuellen Verfassung in das Abenteuer Tour de France zu stürzen. Er ist 32-jährig und rekuperiert nicht mehr wie ein 25-Jähriger», sagte Küblers Teamchef, Tebag-Direktor Dietsche. «Er ist ein Mensch und keine Maschine.»

Wenn Kübler und dessen Helfer fehlten, war für die Selektionäre klar, dass man sich mit einer Achtermannschaft begnügen würde. Koblet kam sich, als Senn wieder gegangen war, wie ein «Ersatzmann» vor. Er hatte Lust zu sagen: «Meine Herren, es ist mir neu, dass ich in die Tour de France gehen soll. Ich denke nicht daran.» Dann hätte er sich gefreut über die langen Gesichter. Doch weil er eben stets freundlich war und für jeden Fehler der andern eine Erklärung fand, sagte er nichts. Und er war froh, dass die Mannschaft ziemlich genau nach seinen Wünschen zusammengestellt wurde. Die «Weilenmänner» waren dabei, die unzertrennlichen Brüder Göpf und Leo, die während ihrer ganzen Karriere gemeinsame Kasse machten und für die es nach Göpfs Tour-de-Suisse-Sieg 1949 keine eigenen Ambitionen mehr gab. Sie lebten davon, dass sich Koblet auch für jede noch so kleine Hilfe äusserst dankbar zeigte, wenn er zum Beispiel sagte: «Genau der Bidon, den du mir dort am Fuss der Steigung gebracht hast, war entscheidend dafür, dass ich nachher angreifen konnte.» Koblet schätzte ihre «beruhigende Wirkung», er fühlte sich «immer gleich viel besser», wenn er sie am Start sah. Von Göpf sagte er: «Er würde nicht einmal mehr um einen Etappensieg spurten, damit er sich für den nächsten Tag, wenn er seinem Patron helfen muss, schonen kann.»

Auf Göpf und Leo Weilenmann hätte er nicht verzichten wollen, allein schon deshalb, weil Learco Guerra, sein Teamchef im Giro d'Italia, ihnen italienische Helfer vorgezogen hatte. Bei Georges Aeschlimann schätzte er, dass er die Tour schon kannte. Marcel Hubers Teilnahme begrüsste er, weil der Welsche sprachgewandt war und sich auf den französischen Strassen auskannte, und auch Walter Reiser und Hans Sommer hatten sich mit ihren Leistungen durchaus aufgedrängt. Von Giovanni Rossis Kampfgeist war er angetan, obwohl er befürchtete, dass er Paris nicht sehen würde.

Es ist elf Uhr nachts, als Hugo Koblet endlich in Metz ankommt. Er findet Pélissier beim Nachtessen mit einem Journalisten in einem Restaurant. Koblet schleicht sich an den Tisch heran und hört Pélissier sagen: «Er kommt, Monsieur, ich bin sicher, dass er kommt. Und er kommt noch immer früh genug, um die Tour zu gewinnen, das schwöre ich Ihnen.» Koblet lacht schallend. Pélissier dreht sich um, entdeckt den späten Gast und sagt zum Journalisten: «Sehen Sie, ich habe es ja gesagt.»

Koblet mag Pélissier und anerkennt ihn als Fachmann mit ausgeprägt feiner Nase. Wenn er einem Fahrer eine grosse Zukunft oder den baldigen Abstieg voraussagt, täuscht er sich selten. Wenn ihm also Pélissier den Tour-Sieg prophezeit – und Göpf Weilenmann am Tag danach, bei einer kurzen Ausfahrt, auch noch ein Hufeisen finden wird –, warum sollte dann nicht auch er daran glauben.

Bestärkt wird er auch bei der Arztvisite. Nachdem Tourarzt Doktor Mathieu den langen Schweizer untersucht hat, sagt er: «Mon cher Hugo, seit Ladoumègue prüfte ich noch nie ein derart aussergewöhnliches Herz.» – «Wer war Ladoumègue?» Mathieu reagiert fast ein bisschen beleidigt auf die naive Frage. «Das war nach Nurmi der grösste Läufer aller Zeiten.»

Für «L'Equipe», die Sportzeitung, welche die Tour de France organisiert, ist Louison Bobet, im Frühjahr Sieger von Mailand–San Remo, der Favorit. Vor Hugo Koblet. Für Bobet spricht die Form, die er in den letzten Wochen ausgespielt hat, seine Stärke im Zeitfahren, seine Erholungsfähigkeit, gegen Koblet die fehlende Erfahrung, die fehlende Streckenkenntnis und die zahlenmässige Unterlegenheit seiner Mannschaft. Nur sieben statt elf Helfer – das kann in einem Hitzerennen, bei dem es wichtig ist, immer genügend zu trinken zu haben, entscheidend sein. Flüssiges gibt es nicht aus den Begleitwagen, sondern nur an den Verpflegungsposten. Den Rest besorgen die Helfer, indem sie Bars und Restaurants heimsuchen. Dann darf es auch mal Wein oder gar Champagner sein.

Fausto Coppi, der Tour-Sieger von 1949, gehört nicht zu den Favoriten. Als er in Paris ankommt, wirkt er wie sein eigener Schatten. Er schläft schlecht, isst kaum, spricht nur wenig. Er reise nach Metz, um sich abzulenken, wie er mit leiser Stimme sagt, weil er gegenüber den Leuten, die ihn am Strassenrand erwarten, dazu verpflichtet sei.

Fausto Coppi trauert um seinen verstorbenen Bruder Serse. Passiert ist es eine Woche vor dem Start zur Tour, bei der Piemont-Rundfahrt, die für die Italiener ein letztes Selektionsrennen für die Tour de France war. Für Fausto war klar, dass er sich für seinen Bruder, der den Platz noch nicht auf sicher hatte, einsetzen würde. Die grossen Mannschaften hielten das Feld zusammen, in den Vororten von Turin begann die Vorbereitung auf den Massenspurt. In Pino Torinese verfing sich Serse Coppis Vorderrad in einer Tramschiene. Beim Sturz wurde er mit dem Kopf gegen den Trottoirrand geschleudert. Fausto hielt sofort an, um seinem Bruder zu helfen. Gemeinsam fuhren die beiden ins Ziel, wo der 38-jährige Bartali als Sieger gefeiert wurde. Danach fuhr Serse ins Hotel zurück. Dort wurden die Kopfschmerzen immer stärker. In der Ambulanz, die ihn ins Spital Sanatrix brachte, verlor er die Besinnung, und noch bevor mit der Operation hätte begonnen werden können, starb er. «Entschuldige mich, Serse», schluchzte Fausto, «entschuldige, dass ich dich zum Rennfahrer gemacht habe. Du hättest lieber auf dem Feld gearbeitet. Die Mama hat immer gesagt, dass Rennfahrer ein schwieriger Beruf ist.»

Eine der seltenen Aufnahmen, die Serse (links) und Fausto Coppi bei einem Auftritt in der Schweiz zeigen; sie entstand 1946 auf der offenen Radrennbahn Oerlikon. Serse Coppi verunglückte eine Woche vor dem Tour-Start 1951 bei der Piemont-Rundfahrt tödlich.

1951: Mit grossem Selbstvertrauen zum Tour-Sieg

Als das Feld in Metz auf die Reise geschickt wird, dürfen sich die Schweizer ganz zuvorderst einreihen. Dank Küblers Sieg im Vorjahr tragen sie die alphabetisch zugeteilten Nummern 1 bis 8. Georges Aeschlimann fährt mit der 1, Hugo Koblet mit der 3, was er «sympathisch» findet.

Auf den ersten hundert Kilometern nimmt es das Feld gemütlich. Das Einrollen bietet die Gelegenheit, sich mit Kollegen, die man längere Zeit nicht gesehen hat, zu unterhalten. Koblet merkt dabei nicht einmal, dass sich eine Gruppe mit Aussenseitern vom Feld hat lösen können. Er erfährt es von Alex Burtin, dem Sportlichen Leiter, der zu ihm vorgefahren ist. Auch Rossi und Huber seien vorne dabei, erklärt der Chef. «Lass sie gehen, Alex», antwortet Koblet, «vielleicht leiste ich ihnen noch Gesellschaft.»

Das ist, wie Burtin wenig später merkt, kein Witz. Als Fiorenzo Magni die Ruhe mit einem Angriff stört, setzt ihm Koblet nach. Kurz bevor er ihn einholt, drückt er aufs Tempo und fährt ganz links auf der Strasse an ihm vorbei. Der Italie-

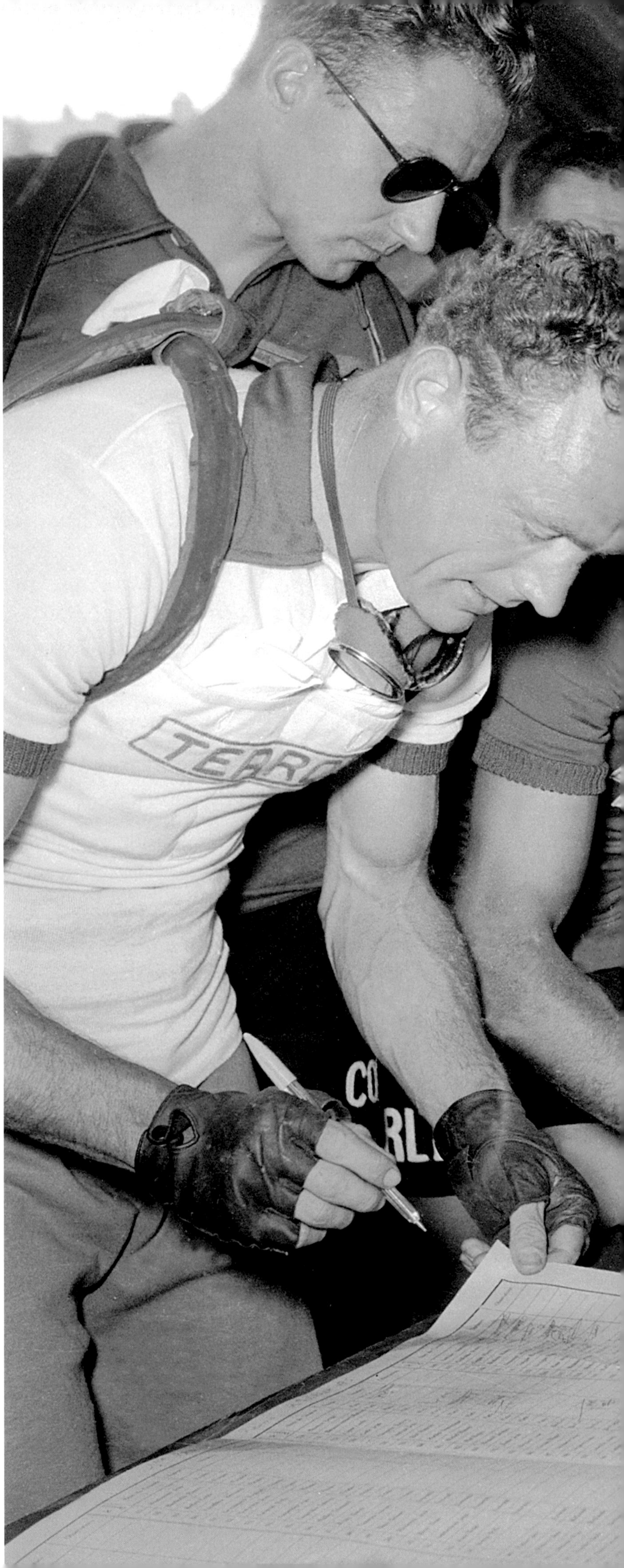

Vor jeder Etappe müssen die Rennfahrer mit ihrer Unterschrift ihren Start bestätigen. Links von Hugo Koblet der Franzose Lucien Lazaridès.

Die Schweizer Mannschaft am Start in Metz. Von links: Georges Aeschlimann, Marcel Huber, Hugo Koblet, Walter Reiser, Hans Tüscher (Chauffeur), Giovanni Rossi, Hans Sommer, Gottfried Weilenmann, Alex Burtin (Sportlicher Leiter), Leo Weilenmann.

Nach dem offiziellen Fototermin herrscht vor dem Start eine lockere Stimmung im Team.

ner, so stellt Koblet fest, bleibt stehen. Koblet fährt locker, hält den Lenker oben, stets jenes Lächeln auf den Lippen, das die Beobachter so tief beeindruckt. Er zeigt nie auch nur ein Anzeichen von Anstrengung, blickt zurück und dann wieder auf seine Uhr, um den Rückstand der Verfolger zu messen. Er hofft, dass ein paar Fahrer zu ihm aufschliessen werden. Und trotzdem steigt sein Vorsprung kontinuierlich an.

Im Feld weckt Magni seine Mannschaft und die Franzosen. Koblets Vorsprung steigt auf eine Minute, sein Rückstand auf die Spitzengruppe mit Huber und Rossi ist von vier auf 2:40 Minuten geschrumpft. Für Alex Burtin ist es der Moment einzugreifen. «Hugo, es wäre besser, wenn du resignieren würdest. Rossi kann den Spurt gewinnen, doch wenn du weitermachst, werden sie zuerst dich und dann auch die Ausreisser holen.» Hugo hat eine andere Variante im Kopf. Was wäre, wenn sich Rossi und Huber zu ihm zurückfallen liessen und sie dann zu dritt wieder zur Spitze aufschliessen würden? Die Antwort gibt er sich selber: Vielleicht könnten die beiden dann ja mein Hinterrad nicht halten.

Also lässt sich Koblet einholen. Er freut sich über das, was sein «Versuchsballönchen» angerichtet hat. Im Feld kann er feststellen, bei wem das kleine Abenteuer Spuren hinterlassen hat. «Er spinnt, dieser Schweizer», denken sich dort viele, «noch mehr als der Verrückte [Ferdy Kübler] im letzten Jahr.» Was wolltest du beweisen?», fragt ihn Magni. «Für wen hältst du dich?» Andere tuscheln: «Wenn der so weiterfährt, kommt er nicht weit. Er weiss nicht, was die Tour de France ist.»

Auf der Rennbahn in Reims weiss Koblet sofort, was ein paar Minuten zuvor passiert ist. Der schnelle Rossi strahlt über sämtliche Backen. Er hat, wie erhofft, den Sprint gewonnen und darf im «Maillot jaune» von Reims nach Gent in Belgien fahren. Koblet betastet den gelben Stoff, als würde er dessen Qualität prüfen. Am Abend ist die Stimmung im Schweizer Hotel logischerweise gut. Man freut sich vor allem über die paar Francs, die in die Mannschaftskasse gekommen sind. Es gibt Pfleger und Mechaniker, die im Voraus haben bezahlt werden müssen, und die Extraportionen, mit denen Koblets Bärenhunger gestillt werden muss, sind auch nicht gratis.

Am Tag danach ist Rossi gewillt, sein gelbes Tuch zu verteidigen. Koblet lässt ihm dazu freie Hand. Mit grosser Unterstützung könne er allerdings nicht rechnen. Der «Sack» – wie das Leadertrikot von den Schweizern genannt wird – verwandelt Rossi in ein Nervenbündel, das auf jeden Angriff reagiert, und zwar so lange, bis er mit seinen Kräften am Ende ist. Das ist etwa der Zeitpunkt, in dem sich das Feld der gefürchteten Mur de Grammont nähert. Eine Gruppe mit dem Luxemburger Diederichs, dem Spanier Ruiz und dem Belgier Ockers fährt voraus. Koblet, verärgert über die Italiener, die sich völlig passiv verhalten und ihn auch nicht unterstützen, als der gefährliche Bobet angreift, juckt es dort wieder in den Beinen. Er macht im steilen Anstieg von Beginn weg Tempo, verzieht auch jetzt keine Miene, hält die Hände oben am Lenker dicht beisammen und freut sich über Raphaël Geminiani, der mitzuhalten versucht und sich dabei über seinem Velo fast zerreisst.

Koblet hat schon an den ersten beiden Tagen seine gute Form gezeigt. «Wenn er so fährt, nimmt er uns im Zeitfahren allen drei Minuten ab», befürchtet Bobet. Dieses Zeitfahren findet am siebten Tag statt und führt von Rennes nach Angers. Obwohl Koblet von allen Seiten bewundert wird und seine vielen Angriffe in der Ebene beeindrucken, liegen die Favoriten noch alle beisammen, was Alex Burtin verärgert. «Wenn jeder mehr dran denken würde, das Rennen zu gewinnen, statt es nicht zu verlieren, wäre die Tour animierter. Und jetzt wirft man Koblet vor, dass er zu oft angreift. Ich

Die 1. Etappe beginnt für die Schweizer Mannschaft mit einem Paukenschlag. Der Tessiner Giovanni Rossi führt eine Fluchtgruppe mit seinem Teamkollegen Marcel Huber (an dritter Stelle) an. Er gewinnt den Spurt in Reims und wird erster Träger des «Maillot jaune».

Hugo Koblet vor Louison Bobet und Raphaël Geminiani an der legendären «Mur de Grammont» anlässlich der 2. Etappe von Reims nach Gent. Der Etappensieger, der Luxemburger Jean Diederich, hat diese berühmte «Mur» bereits passiert.

Entspannt, locker und selbstbewusst begibt sich Hugo Koblet – in den damals üblichen Knickerbocker – zum Start der 7. Etappe, des 85 Kilometer langen Zeitfahrens von Rennes nach Angers.

kann Ihnen versichern, wenn wir eine Zwölfermannschaft mit Kübler und Schär hätten, würden wir Panik säen, und die Grossen würden sich nicht nur gegenseitig in die Augen schauen.»

Koblet fühlt sich so stark wie noch nie zuvor in seiner Karriere. Wie er auch fährt, er hat nie das Gefühl, an seine Grenzen gehen zu müssen. Doch es ärgert ihn, dass es mit seinen Attacken bis jetzt nie gelungen ist, das Feld zu sprengen. Natürlich kennt er das Rezept Alfredo Bindas, des italienischen Teamchefs, der mit Bartali und Coppi die Tour schon zweimal gewonnen hat: schonen bis zu den Bergen und dann zuschlagen. Er merkt, dass Binda nur lächelt, wenn er mit seinen Kräften weniger haushälterisch umgeht. Gerade auch deshalb will er den Italienern im Zeitfahren eine Lektion erteilen. «Wenn ich in dieser Form das Zeitfahren verliere», sagt er sich, «dann gibt es in dieser Tour einen Besseren.»

Der Tross hat vor diesem ersten grossen Rendez-vous einen Abstecher nach Paris hinter sich, wo Tour-Direktor Jacques Goddet den schönen Schweizer zu einer Ehrenrunde überredete, obwohl auf der Pferderennbahn von Longchamps der Regionalmatador Roger Lévêque die Etappe gewonnen hatte und Diederich noch immer das gelbe Trikot trug.

Am Abend in Rennes ist die Stimmung im Schweizer Hotel gedämpft. Die ohnehin schon kleine Mannschaft hat an diesem Tag zwei Fahrer verloren. Walter Reiser, Hugos Zimmerkollege, der unter Furunkeln leidet, konnte mit bestem Willen nicht weiterfahren und musste aufgeben. Und Giovanni Rossi büsste für all das, was er in der ersten Woche geleistet hatte. Nachdem er das «Maillot jaune» an Diederichs hatte abgeben müssen, hatte er sich in den Kopf gesetzt, es sich auf dem Weg zum Atlantischen Ozean zurückzuerkämpfen. Der Plan ging nicht ganz auf. Rossi, dessen Flucht von Koblet und dem Schweizer Team mustergültig abgeschirmt worden war, wurde im Spurt von Le Tréport vom Franzosen Meunier geschlagen, und zum «Maillot jaune» reichte es ihm auch nicht. Das, so vermutete Koblet, musste ihm einen Knacks gegeben haben. Er war jedenfalls nicht erstaunt, als Rossi auf der Fahrt nach Rennes nicht einmal das Bummeltempo des Feldes mitzuhalten vermochte. Koblet gönnte Rossi die schönen Tage dieser ersten Tourwoche, er bedauerte aber die andern Helfer, die sich nicht einen Namen gemacht hatten, um dann nach Hause zu reisen.

Da waren's also nur noch sechs. Koblet nimmt es gelassen. «Fünf gute Kameraden können allerhand Nützliches leisten», sagt er. «Hauptsache, wir wissen, woran wir sind.»

Und in diesem brutalen Zeitfahren, das über 85 Kilometer von Rennes nach Angers führt, ist er ohnehin auf sich allein gestellt. Beim Frühstück liest er die Zeitungen und findet sich als grossen Favoriten in den Schlagzeilen. Typisch Franzosen, denkt er sich, da machen sie mich gross, damit sie dann Bobets Sieg umso schöner feiern können. Koblet nennt, wenn er gefragt wird, andere Favoriten: «Coppi, Bobet, Magni – in dieser Reihenfolge, und natürlich Abdelkader Zaaf.» Das ist der algerische Freund Koblets, der nicht schreiben kann, dem sie aber beigebracht haben, wie er unterschreiben muss. Seit dem Vorjahr kennt ihn jeder: Als sich das Feld im Mittelmeer eine Badepause gönnte, benutzte er die Gelegenheit zu einem Fluchtversuch. Ein Belgier hatte ihm magische Pillen gegeben, die ihm zum Etappensieg verhelfen sollten. Er verdoppelte die Ration – und landete torkelnd unter einer Platane. Dort leerten ihm besorgte Zuschauer jene Flüssigkeit über den Kopf, die gerade auf den Tischen stand: Weisswein. Als das Feld vorbei war, rappelte sich Zaaf wieder auf. Er schwang sich in den Sattel und raste davon – in die falsche Richtung. Die Tour war für ihn zu Ende. Er, der noch nie einen Schluck Alkohol getrunken hatte, roch derart nach Wein, dass sich eine Legende bildete: Er habe zwei Flaschen Weissen von einem Restauranttisch mitlaufen lassen und sie in einem Zug heruntergestürzt. Deshalb nennt man ihn auch «le coureur ivre».

Fiorenzo Magni, der diesjährige Giro-Sieger, sieht sich in seiner Prognose auf dem vierten Rang – hinter Koblet, Coppi und Bobet. Er startet unmittelbar hinter Koblet, und als dieser sich am Start bereit macht, sagt er ihm: «Ich wette 10 000 Lire darauf, dass du gewinnst.» Auch eine Art, jemanden nervös zu machen. «Wir können darüber sprechen, wenn du mich eingeholt hast, Fiorenzo», antwortet Koblet, dem die Startauslosung keinen starken Fahrer ins Visier gegeben hat. Bobet dagegen jagt Coppi. Immerhin: Im Geist spürt Koblet den Atem Magnis im Nacken, und deshalb entschliesst er sich zu einem Blitzstart. Er will unter keinen Umständen in Magnis Sichtweite kommen. Nach fünf Kilometern liegt Koblet 20 Sekunden vor Bobet und 40 vor Coppi. «Du führst», schreit ihm ein Journalist von «L'Equipe» aus dem Begleitwagen zu.

CAFÉ DELAUNE
BENDIX
Blanchisseur Officiel du Tour de France 1951
LA PERLE
HUBER

Hugo Koblet und Louison Bobet, der vermeintliche Sieger, vergleichen die Uhren. Einmaliges hatte sich bei der Zeitmessung zugetragen: Erst als Hugo Koblet abends um 22 Uhr bei Tour-Direktor Jacques Goddet insistierte, wurde aus einer Sekunde Rückstand ein Vorsprung von 59 Sekunden...

Koblet lässt sich nicht beirren und konzentriert sich weiterhin darauf, seine Übersetzung, die grösser ist als die seiner Konkurrenten, in Schwung zu halten. Erstmals in dieser Tour geht er an seine Grenzen und merkt, wie gut es ihm läuft. Er wird zuversichtlich, als Alex Burtin nach Recherchen bei Zuschauern mit Stoppuhren, die am Strassenrand das Rennen verfolgen, ihm bei Rennhälfte sagt, dass er führt. Nach 54 Kilometern liegen Bobet und Coppi schon über eine Minute zurück, fünf Kilometer vor dem Ziel sind es eineinhalb Minuten. Dann merkt Koblet, wie er so langsam den Schwung verliert. Kurz vor dem Ziel überholt ihn der zehn Minuten vor ihm gestartete Franzose Desbats, an dem er zuvor vorbeigefahren war, wieder. Doch «tot» ist er nicht. Noch immer dreht er eine Übersetzung von 52 x 15 Zähnen.

Umso grösser ist die Enttäuschung am Ziel, als er vernimmt, dass ihn Bobet um eine Sekunde geschlagen hat. Unmöglich, denkt er sich, und das Studium der Rangliste bestätigt es ihm. Dort ist der Spanier Ruiz mit 5:44 Minuten Rückstand klassiert, obwohl er sechs Minuten nach Koblet gestartet war und von diesem überholt wurde.

Nachts, kurz nach zehn, nachdem Koblet bei Tour-Direktor Jacques Goddet vorgesprochen hat, korrigiert die Jury das Ergebnis. Aus einer Sekunde Rückstand werden 59 Sekunden Vorsprung. Das Stundenmittel beträgt 40,583 km/h. Für zwölf Fahrer bedeutet das, dass sie die Koffer packen müssen, weil sie nach Kontrollschluss eingetroffen sind. Zwei Italiener gehören dazu, aber auch Robert Chapatte, die spätere Reporterlegende des französischen Fernsehens.

Koblet ist glücklich. Erstmals hat er in einem Zeitfahren Coppi und Bobet bezwungen. Der Sieg der Gerechtigkeit lässt ihn leicht einschlafen. Doch schon nach zwei Stunden wacht er auf und weckt Burtin. «Ich habe Hunger», sagt Koblet. Burtin steht auf, geht auf den Hauptplatz, wo noch immer das Tour-Fest läuft, und kauft dem hungrigen Zeitfahrsieger ein Poulet. Für Koblet wird es ein unvergessliches Festessen, und er denkt an die Journalisten, die ihre Kommentare neu schreiben müssen. Zu denen gehört auch Jacques Goddet, der Tour-Direktor. Er vergleicht das bei Regen und zu drei Vierteln Gegenwind erreichte Stundenmittel Koblets mit jenen seiner Vorgänger in der Tour, Coppi und Kübler, die nicht auf 40 km/h gekommen seien. Er weist aber auch auf das Nachlassen des Schweizers auf den letzten Kilometern hin: «Die Grosszügigkeit seines Temperaments könnte ihn in Gefahr bringen. Er kennt die Härten der Tour noch nicht und riskiert, ärgerliche Rückschläge zu erleben.»

Goddet und die anderen Kommentatoren, welche die Harmonie der Bewegungen besingen, in ihrer Begeisterung gar so weit gehen, dass sie den Schweiss auf Koblets Stirn als «etwas Reines, weniger Bitteres» betrachten oder es auf den Nenner bringen: «Hugo, c'est beau», können nicht wissen, dass das Zeitfahren von Angers nur ein Vorgeschmack war von dem, was sie noch erwartet. Denn Koblet spürt jetzt Flügel, und er denkt an den Rat Learco Guerras im Giro d'Italia: «In einer Rundfahrt muss die Hochform an jedem Tag ausgenützt werden. Greife an, wenn du dich stark fühlst. Dann hast du vielleicht schmerzende Beine, aber du kannst sicher sein, dass es deinen Gegnern nicht besser geht.»

Das Massif central, das nach dem Ruhetag von Limoges – und einem Schinkenteller mit viel Mayonnaise für Koblet – auf dem Menüplan steht, eignet sich besonders gut dazu. Die erste der beiden Etappen führt von Limoges nach Clermont-Ferrand, wo Raphaël Geminiani zu Hause ist. Logisch, dass dieser nach 160 Kilometern, am Col de la Morena, angreift und dem ausgerissenen Mirando nachfährt. Als Koblet reagiert, hat er keine Verbündeten. Magni und Bobet kränkeln und können nicht folgen, die Italiener bleiben weiterhin passiv, die Franzosen Robic und Lazaridès folgen Koblet als Polizisten für «Gem» und führen keinen Meter. Dennoch holt Koblet auf. Doch in der Abfahrt vom Col du Ceyssat hat er wieder einmal Pech. Zwei Reifenschäden bremsen ihn. Dank seinen Abfahrtskünsten holt er wenigstens noch das Feld der Gesamtbesten ein. Geminiani, der einen Sturz heil übersteht und das Ziel mit 52 Sekunden Vorsprung auf den Luxemburger Jean Goldschmit erreicht, überholt Koblet in der Gesamtwertung.

Am Tag danach gewährt sich Koblet für einmal etwas Ruhe. Es ist der 14. Juli, der Nationalfeiertag der Franzosen. Sollen sie sich doch zeigen! Die Schweizer Mannschaft überreicht Louison Bobet, dem Kapitän der «Equipe tricolore», am Start einen Blumenstrauss. Der kleine Spanier Bernardo Ruiz hält nichts von nationalen Feiern. Er entweicht den Franzosen und feiert in Brive einen Solosieg. Danach schickt er seiner Verlobten ein Telegramm: Er werde sie nach der Tour heiraten.

PERLE
ELLA

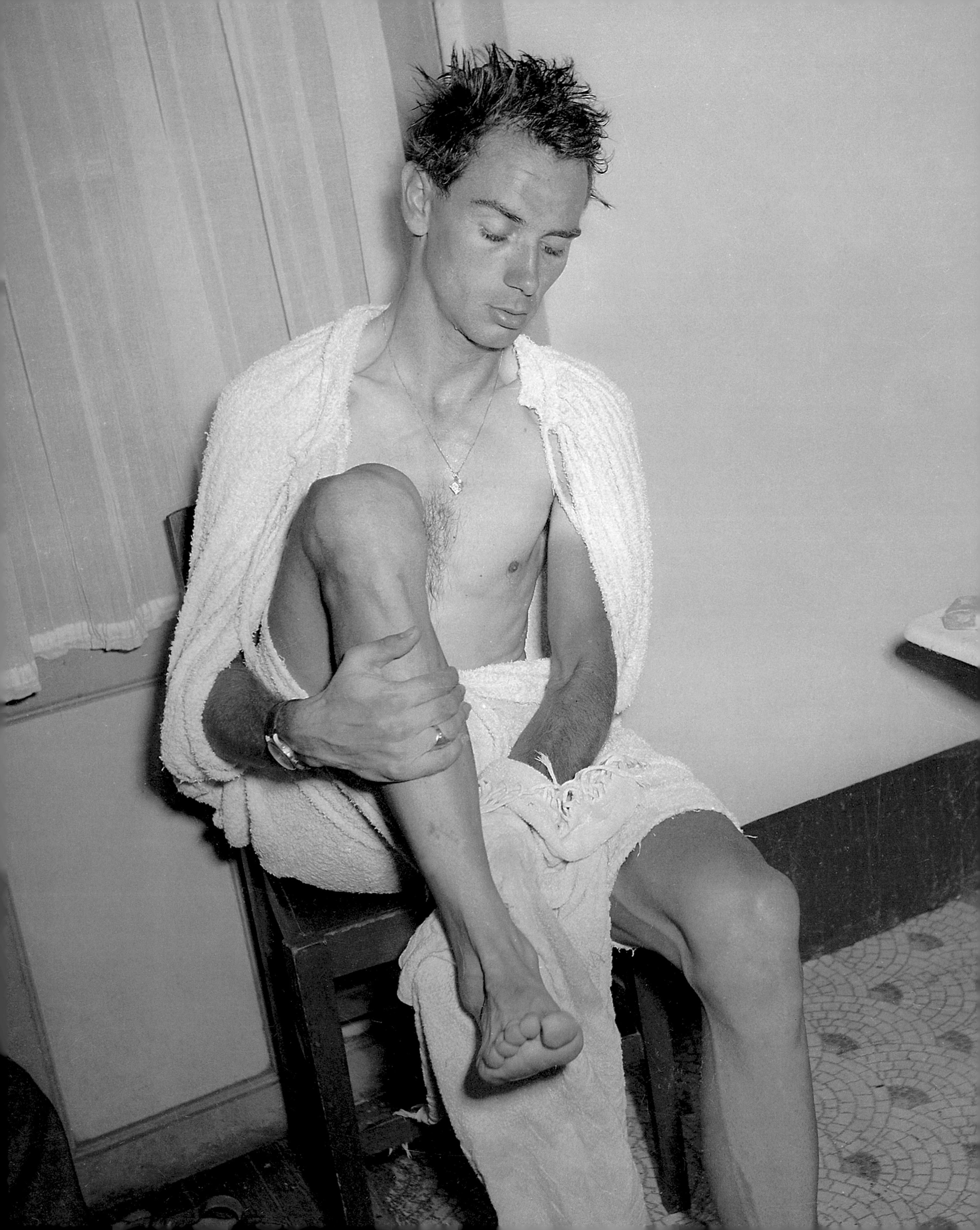

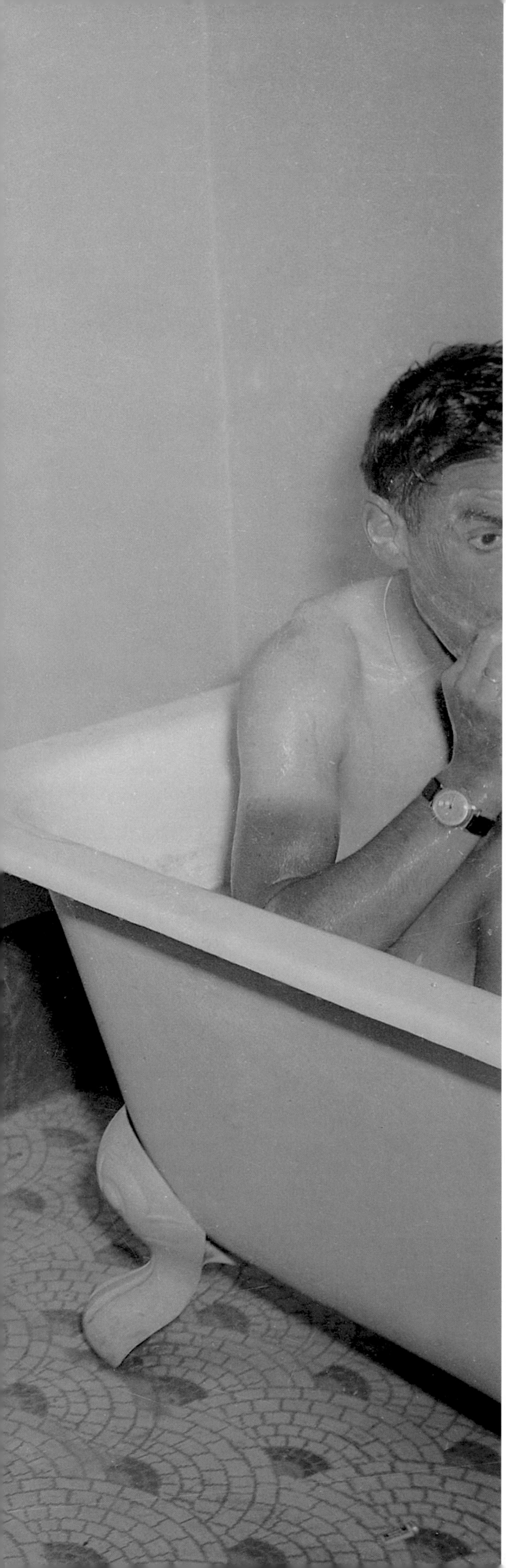

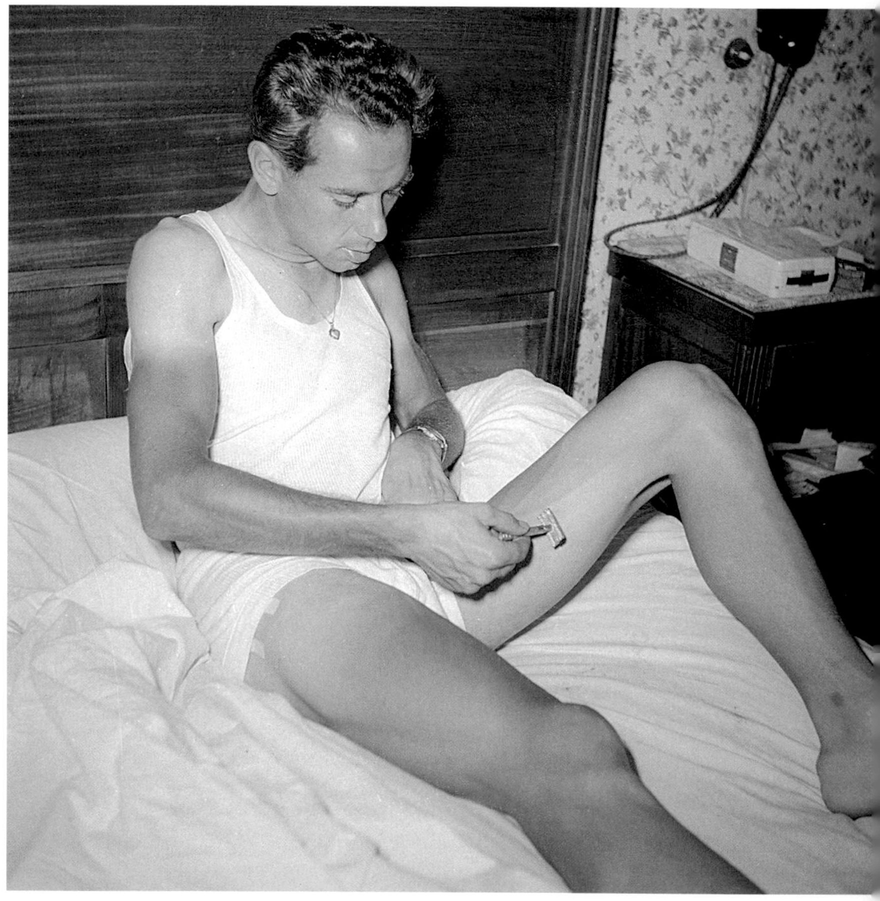

Körperpflege nach den Strapazen in Luchon. Hier wird Hugo Koblet zum dritten Mal Etappensieger und damit Träger des «Maillot jaune», das er bis Paris nicht mehr abgibt.

Während der täglichen Massage von seinem Masseur Ernesto Ferre vertreibt sich Hugo Koblet die Zeit mit Radiohören und dem Studium der Gegner anhand von aktuellen Bildern und Berichten.

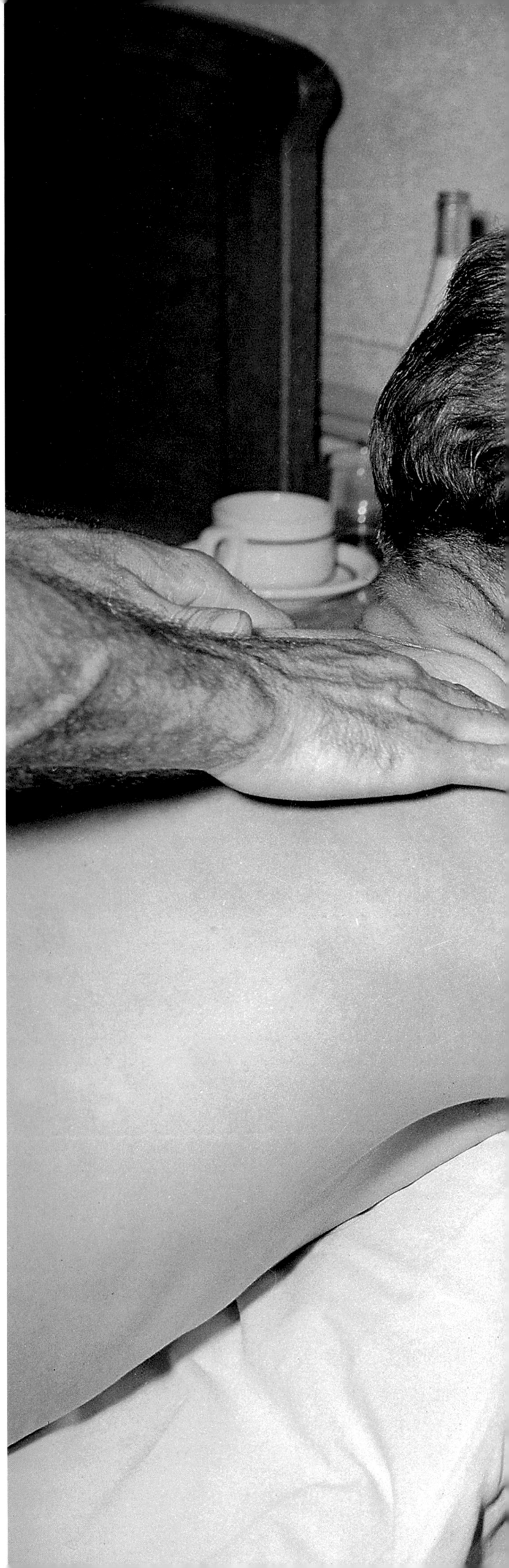

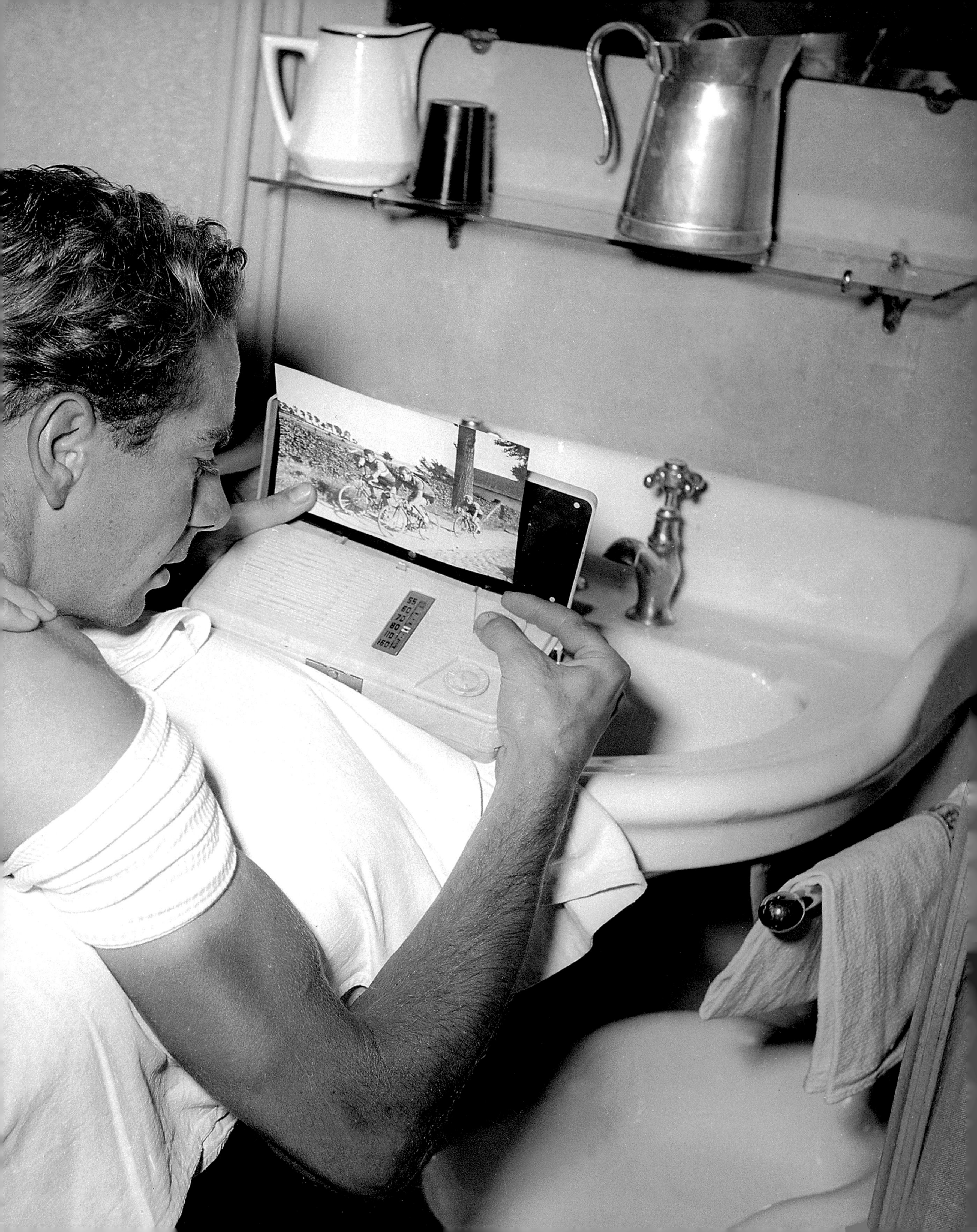
55
60
70
80
110
160

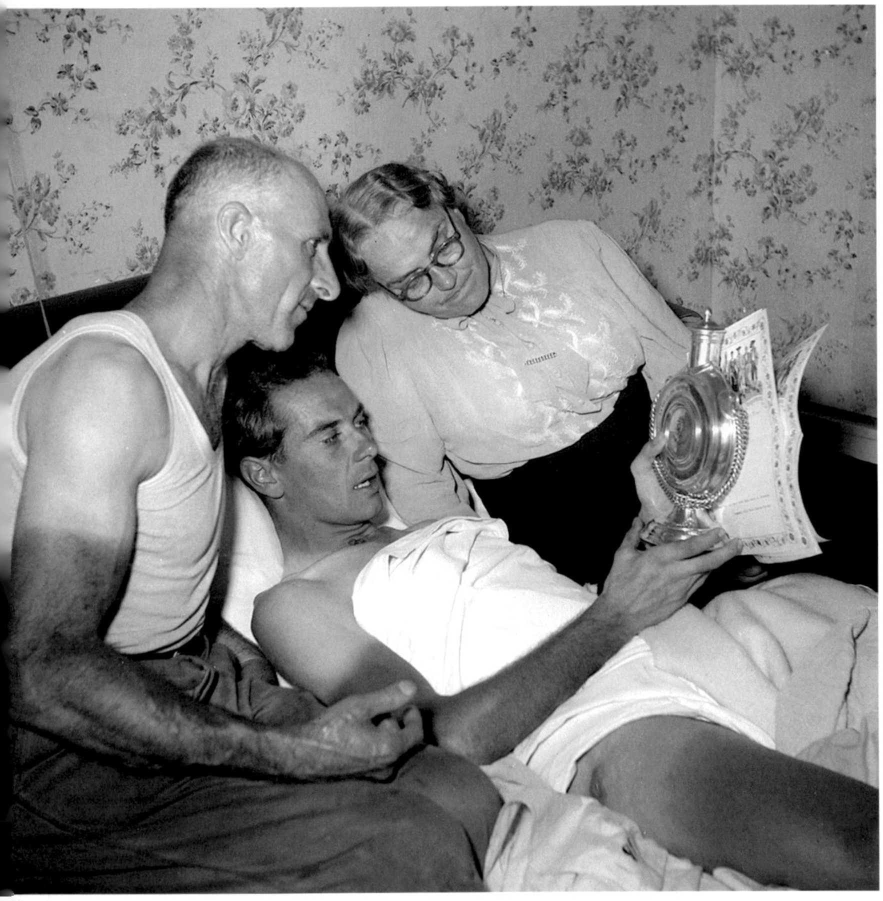

Nach den Feierlichkeiten des Tour-de-France-Triumphes betrachtet Hugo Koblet mit seiner Mutter und seinem Masseur den Sieger-Pokal.

Neben seinem Reiseradio schätzt der «Pédaleur de charme» auch stets die neuesten Zeitungen, hier sein bevorzugtes Blatt, der «Sport».

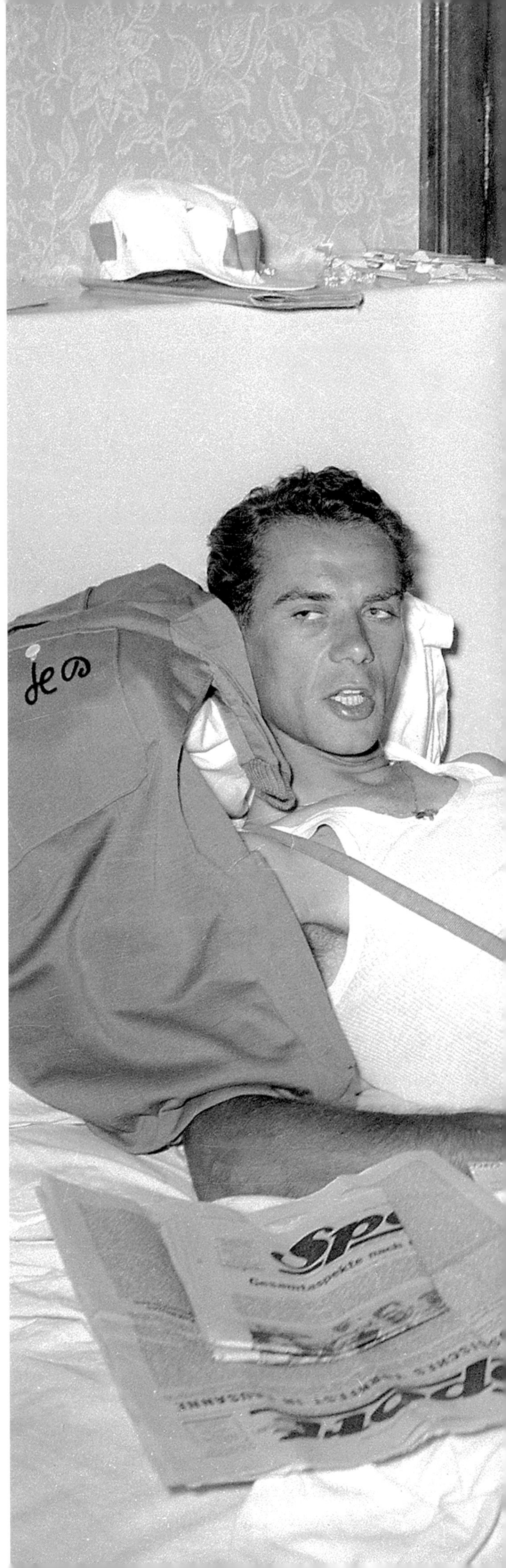

Projecteurs MARCHAL
E FRANCE
Le Parisien
TOUR DE FRANCE 51
L'EQUIPE
14
NITROLAC
3
Le Parisien libéré
OFFICIEL
TOUR de FRANCE
1951
14
L'EQUIPE

LAINE SOFIL
Le maillot jaune
Sofil

LA PERLE

Vorangehende Doppelseite: Hugo Koblet fährt über die Ziellinie in Agen und setzt seine Stoppuhr in Gang, um seinen Zeitvorsprung auf die Verfolger zu messen.

Nach dem üblichen Frischmachen und einem Blick auf den Chronometer wartet Hugo Koblet auf seine Verfolger – die mit 2:35 Minuten Rückstand eintreffen.

LA PERLE

Die berühmte Aufnahme auf dem Titelblatt von «MIROIR Sprint» vom 19. Juli 1951: Hugo Koblet mit dem Campionissimo Fausto Coppi, dem Tour-de-France-Sieger 1949 und 1952.

Rechte Seite: Campionissimo Gino Bartali, Tour-de-France-Sieger 1938 und 1948, der 1951 am Hinterrad von Hugo Koblet sichtlich leidet.

Damit widerspricht der feinsinnige Kenner allen, die Koblets Aktion als Wahnsinn belächeln und Dinge schreiben wie: «Dieser tolle Junge wird das noch teuer bezahlen. In den Pyrenäen wird er nur noch mit Bitternis an sein Abenteuer von Agen zurückdenken. Solche Eskapaden sind strafbar, wenn man die Tour gewinnen will.» Giuseppe Ambrosini, der Direktor der «Gazzetta dello Sport» und des Giro d'Italia, schreibt: «Sofern die physiologischen Gesetze und die Gesetze der Tour de France nicht Fabeln sind, kann der Vorstoss früher oder später ärgerliche Konsequenzen haben. Koblet ist heute, ich wiederhole es, der Stärkere, und er erholt sich ziemlich mühelos. Aber wird ihm das genügen, um später nicht den Kräften nachzutrauern, die er ausgegeben hat, um sich einen Vorsprung zu sichern, der ihn in den Pässen weniger Anstrengungen gekostet hätte?» Hier spricht der von Alfredo Bindas Denken geprägte italienische Minimalist.

Goddet fährt fort: «Abgesehen von der Sicherheit, die er sich erworben hat, und vom stimulierenden Gefühl, das ihn erfüllen muss, hat Koblet an diesem denkwürdigen Nachmittag seine Gegner in den Griff genommen. Er ist jetzt der Patron des Rennens.» Dann zitiert er Nietzsche: «Was ist gut? Alles, was im Menschen das Gefühl der Macht, den Willen zur Macht und die Macht selber aufweckt.»

Schliesslich wendet er sich der Leichtigkeit zu, mit der Koblet seine Mission zu Ende führte: «Mit dem schönen Hugo lässt sich nicht das Heldentum besingen. Seine Anstrengung verrät weder Mühe noch Schmerz. Es war höchstens auf den letzten 30 Kilometern, dass sein immer wieder gewaschenes, vom tröpfelnden Schweiss glänzendes Gesicht leichte Zeichen der Müdigkeit annahm.» Für Goddet ist Koblet die «begeisternde Vision des perfekten Radfahrers»: «Gross, aber solide gebaut, eine markierte Taille, den Kopf befreit, die Beine, von den Oberschenkeln zu den Knöcheln, sehr nahe beisammen, eine Einheit mit dem Rahmen des Fahrrades, die Hände nahe beisammen oben am Lenker, wenn er klettert, auf eigenartige Weise auf den Bremshebeln oder unten am Lenker, wenn er rollt. Die vollständige Entspanntheit.»

In Agen erhält Hugo Koblet auch seinen Übernamen. Der Chansonnier, Komiker und Filmschauspieler Jacques Grello, später vor allem auch als Entdecker und Mentor des grossen Georges Brassens bekannt, nennt den Schweizer in seiner Kolumne im «Parisien Libéré» den «Pédaleur de charme».

Hugo Koblet trägt in Agen zwar noch nicht Gelb, aber er ist der Chef im Feld. Er hat seinen Rivalen Coppi, Bartali, Magni, Bobet und Geminiani eine Lektion erteilt und ihnen wichtige Minuten abgeknöpft, jetzt geht es für ihn vor allem darum, dieses Quintett zu kontrollieren. Als am Tag danach, auf dem Weg nach Dax, eine zehnköpfige Gruppe entwischt, lässt er sie gewähren, zumal Hans Sommer mit dabei ist. Weil auch die andern Teams, erschlagen von den Ereignissen des Vortags, nichts unternehmen, holt die Gruppe bis ins Ziel fast 20 Minuten Vorsprung heraus. Koblet traut seinen Augen nicht, als er bei der Ankunft in Dax Wim van Est im «Maillot jaune» herumstolzieren sieht. Er kennt ihn, vor einem Jahr ist er bei der Verfolgungs-Weltmeisterschaft gegen den Holländer ausgeschieden.

Seinen Tag im «Maillot jaune» wird van Est nie mehr vergessen. Die erste Pyrenäenetappe führt über den Col de l'Aubisque nach Tarbes. Van Est verteidigt sich im langen Aufstieg so gut er kann. Sein Rückstand auf die Grossen hält sich im Rahmen, in der Abfahrt will er ihn wieder wettma-

R.N
COL DU TOURMALE
ALTITUDE : 2114 M
Hte PYRÉNÉES

TO
CE
FRANCE
coureurs
La Course
MERCI !
14
249-R

Vorangehende Doppelseite: Hugo Koblet passiert den Col du Tourmalet als Achter mit 5:20 Minuten Rückstand auf den Luxemburger Jean Diederich; er gewinnt jedoch die Etappe in Luchon und wird Tour-Leader.

Bei der Abfahrt vom Col de l'Aubisque in der 13. Etappe stürzt das «Maillot jaune» Wim van Est vierzig Meter in die Tiefe. Er wird mit zusammengebundenen Collés heraufgezogen und muss das Rennen aufgeben.

Bei einem Hinterraddefekt am Tourmalet bleibt Hugo Koblet, wie immer in einer solchen Situation, ruhig und gelassen.

chen. Die Angst, die ihn sonst in Abfahrten hemmt, überwindet er tapfer. Doch schon in einer der ersten Kurven rutscht er auf tückischem Splitt aus und stürzt. Wenige hundert Meter später verpasst er eine Kurve und fliegt von der Strasse. Mit geschultertem Rad kehrt er zurück und legt gleich wieder los. Von hinten haben Massip, Langarica und Decock aufgeschlossen. Wenig später zerreisst ein Schrei Massips die Stille der Bergwelt. Er sieht, wie vor ihm van Est zwischen den Felswänden in den Abgrund stürzt. Decock bremst sofort ab, um Begleitfahrzeuge aufzuhalten. Die Leute, die aus den Autos aussteigen, trauen ihren Augen kaum, als sie in die Schlucht blicken. Weit unten, vielleicht in hundert Meter Tiefe, leuchtet ein gelber Punkt, das «Maillot jaune». Der holländische Teamchef schreit van Ests Namen in den Abgrund. Und er kann es kaum glauben, dass der gelbe Fleck reagiert, erst den linken Arm, dann auch den rechten hebt. Und langsam macht sich van Est, sein Fahrrad im Schlepptau, auf den Weg zurück zur Strasse. Mit zusammengeknöpften Collés ziehen holländische Betreuer den Fahrer über die letzten Meter des Felsens, über den er gestürzt ist. Oben bricht der blutüberströmte van Est zusammen. Ein Wort geht ihm noch über die Lippen: «Danke.» Dann wird er ins Spital nach Tarbes gebracht.

Vom Drama des Holländers erfährt Koblet erst am Ziel, wo er sich aus einem andern Grund Sorgen macht. Raphaël Geminiani und Gilbert Bauvin haben am Aubisque den richtigen Postabgang erwischt und ihm über neun Minuten abgenommen. Es war einer dieser verflixten Tage. Als er angriff, liess man ihn nicht ziehen, Geminiani und Bauvin dagegen kamen spielend leicht weg. Und als Koblet nach der Abfahrt mit Bartali die Verfolgung aufnehmen wollte, verweigerte dieser auf Geheiss Bindas die Führung.

In Tarbes erhält der kleine Bauvin, der seit Beginn der Tour fast bei jeder wichtigen Offensive dabei war, das «Maillot jaune». Er hat 13 Minuten Vorsprung auf Koblet, der auch sechs Minuten hinter Geminiani zurückliegt. «Die Grossen spielen mit dem Feuer», schreibt André Leducq, der Tour-Sieger von 1930 und 1932 im «Miroir des Sports». Zu seiner Zeit hätten sie einen Fahrer dieses Kalibers nie so weit vorausfahren lassen, schreibt er, auch wenn damals die Etappen viel länger gewesen seien und die allgemeine Müdigkeit solche Fehler eher entschuldigt hätte. «Ich weiss nicht, ob Koblet,

LA PERLE
ERLE

JOURNAL
JOURNAL
70044-D
L'EQUIPE

L.A.PER

Zürich bringen. Beim Packen am nächsten Morgen legt er aber das rot-weisse zuoberst in den Koffer, um es sofort zur Hand zu haben, falls er das gelbe wieder verlieren sollte. Sicher ist sicher.

Félix Lévitan, Adjoint des Tour-Chefs, vergleicht Coppi und Koblet im «Parisien Libéré» mit den berühmtesten Matadoren jener Zeit. Für ihn ist Coppi, der Strenge, Manolete und Koblet, der Strahlende, Luis Miguel Dominguin. «Er hat nicht mit dem Absatz auf den Boden gestampft wie die triumphierenden Götter der Arena. Er hat nicht Ohren und Schwanz des Stiers verlangt. Er hat Fausto die Hand gegeben und Bartali, dem ehemaligen König, den Siegerstrauss überreicht.» Auf Koblets Schulter sei das «Maillot jaune» nicht einfach «ein Stück wollene Kleidung», schreibt Lévitan, sondern ein «goldenes Gewand».

Auf der Fahrt nach Carcassonne gerät dieses nie in Gefahr. Zu müde sind die Helden vom Grosskampf in den Pyrenäen. Das einzige Problem ist die drückende Hitze. Am Schatten werden 40 Grad gemessen. Koblet misstraut dieser Ruhe. Er kennt Jean Bidot, den Teamchef der Franzosen, der auch «der Brigadier» genannt wird. Dessen Captain, Louison Bobet, kann die Tour zwar nicht mehr gewinnen, er ist, so stellt Koblet fest, am Druck gescheitert, unter dem er als grosser Favorit litt. Aber Bidot hat Geminiani und Lazaridès auf den Rängen 3 und 5. Und so beschliessen die Schweizer vor der Fahrt nach Montpellier, dass die beiden nie aus den Augen gelassen werden dürfen. Koblet nennt es einen «Spionagedienst».

In den beiden Aufstiegen zu den Pässen Sales und Usclats wird gebummelt. Selbst Abdelkader Zaaf hält locker mit. Das beflügelt den Algerier. In der Abfahrt greift er an. Alle finden dies lustig. Doch wenig später jagen mit Geminiani, Lazaridès, Gauthier und Barbotin gleich vier Franzosen hinter ihm her. Jetzt funktioniert der Spionagedienst. Koblet leert sich den Inhalt eines Bidons, den ihm Göpf Weilenmann gebracht hat, über den Nacken, als Leo ruft: «Hugo, sie sind ab, los!»

Es ist die grosse Helferstunde des jüngeren Weilenmann, der als Bahnfahrer ein guter Roller ist. Er nimmt Koblet ans Hinterrad, stürmt mit ihm an die Spitze des Feldes und an dieser vorbei. Mit Marinelli und Labeylie erhalten die Schweizer zwei Lokalmatadoren als Begleiter, die vorerst froh sind, Weilenmanns Tempo mithalten zu können. Erst nach zwei Kilometern lässt sich der Musterhelfer erstmals ablösen. Das Verfolgungsrennen ist lanciert. Obwohl vier Landsleute die Gejagten sind, machen die beiden Franzosen mit. Sie gehören dem Ile-de-France-Team an und dürfen das tun. Chauvinisten nehmen es ihnen aber übel. Nach 30 Kilometern sind Geminiani und seine drei Begleiter gestellt. Koblet fährt gleich an ihnen vorbei und macht Tempo. Wenig später holt die Gruppe Zaaf ein. Der Afrikaner sieht seine grosse Chance gekommen. «Hugo», sagt er zum Schweizer, «wenn du mir hilfst, die Etappe zu gewinnen, verhelfe ich dir zum Tour-Sieg.» Wenig später kann er das Tempo der Gruppe nicht mehr mithalten und fällt wie Gauthier und Labeylie zurück. Leo Weilenmann ist wegen eines Defekts nicht mehr dabei.

In Montpellier gewinnt Hugo Koblet den Sprint der Vierergruppe und baut dank der Bonifikation seinen Vorsprung auf Geminiani um eine Minute aus. Der Angriff der Franzosen ist abgewehrt. Dass Koblet an diesem Abend aber auch nachdenklich ist, hat einen andern Grund: das Drama Fausto Coppi. Coppi ist so etwas wie Koblets Vorbild, er schätzt den «Gentleman von der Scheitel bis zur Sohle», ihn beeindruckte die Bescheidenheit, mit der ihm der Campionissimo begegnete, als er noch ein wenig bekannter Giro-Neuling war. Und jetzt vernimmt Koblet am Ziel, was weit hinter ihm in der Gluthitze passiert sein soll. Leer sei er, er würde gestossen, habe aufgeben wollen, sei abgestiegen und dann doch weitergefahren. Koblet stellt sich vor, wie sich die Fotografen nach der Zieldurchfahrt «auf den Leichnam stürzen», will das nicht mit ansehen müssen und geht vorzeitig ins Hotel zurück.

Coppis Drama beginnt in einem Ort namens Colombiers-sur-Orbe. 93 Kilometer fehlen noch bis ins Ziel, als bei Coppi nichts mehr geht. Sechs Helfer bleiben bei ihm, darunter auch Biagioni, der ehemalige Leader. Sie leeren Wasser über seinen Kopf, reden ihm gut zu, stossen ihn. Der Rückstand nimmt immer bedrohlichere Formen an, 34 Minuten sind es am Ziel, wo ihn ein warmer Applaus empfängt. Für Coppi haben alle ausgeharrt.

Am Ruhetag in Montpellier erhält Hugo Koblet Besuch. Ein Monsieur Pascal stellt sich vor. Unter dem Arm hat er ein unterschriftsbereites Bündel mit Verträgen. «Die Verträge sind gut», sagt er, «und ausserdem wird unsere Veranstaltergruppe den Sieger der Tour de France zu schützen wissen. Wenn Sie unterschreiben, gewähren wir Ihnen jede Protektion. Unterschreiben Sie aber nicht, könnte es sein, dass Sie die Tour de France verlieren. Sie sind allein, wir aber verfügen bei den Fahrern über Freunde. Wer schon mit uns abgeschlossen hat, ist interessiert daran, dass der Tour-Sieger am Start ist. Was halten Sie davon?» Koblet wehrt sich gegen «Schiebung» und «Erpressung» und weist Monsieur Pascal die Tür. Er ruft Tour-Direktor Jacques Goddet an. Der schaltet die Polizei ein, die Presse greift die Geschichte auf, und dem «sauberen Burschen» wird das Handwerk gelegt.

Erfreulicher als der Besuch dieses «Managers» ist in Montpellier jener von Doktor Rupf, Koblets Leibarzt. Der attestiert ihm nach einer Untersuchung eine bessere Kondition als noch vor fast drei Wochen in Zürich. «Forciere nur, du kannst es dir leisten.»

Der Mont Ventoux, der kahle Riese der Provence, steht erstmals auf dem Streckenplan der Tour de France – 43 Jahre nachdem der Holzfäller Jacques Gabriel auf dem Gipfel das erste Radrennen gewonnen hat. Er sei ein «finsterer Geselle», hat man Koblet gesagt, der «schon manch einem die Beine ausgerissen hat». Vor allem aber ist es der Heimberg von Lucien Lazaridès, dem Gesamtfünften.

Natürlich hat Koblet Respekt vor dem Berg. Nur fragt er sich bald einmal, weshalb. Die steilen Rampen, die man ihm geschildert hat, wollen und wollen nicht auftauchen. Mit der Bernina oder dem Flüela, so findet er, hält der Mont Ventoux keinen Vergleich aus. Koblet bleibt locker, versucht es mit ein paar Antritten und stellt beruhigt fest, dass die Spitzengruppe immer kleiner wird. Kurz vor der Passhöhe sind nur noch Geminiani, Lazaridès, Bartali und der verzweifelt kämpfende Bobet bei ihm. Dann greift wie erwartet Lazaridès an. Koblet will reagieren, weil er die Bonifikation keinesfalls Geminiani überlassen will. Doch dann merkt er, dass sein Schaltkabel angerissen ist. Weil er sich vor einem Riss und der Reparatur, «die Minuten kosten könnte», fürchet, verzichtet er aufs Schalten und lässt Lazaridès ziehen. Und zufrieden stellt er fest, dass Bartali Geminiani die zweite Bonifikation wegschnappt. Die knappe Minute Rückstand auf Lazaridès beim Observatorium ist kein Problem. In der Abfahrt kommt es zum Zusammenschluss. Bartali und Koblet stehen vier Franzosen gegenüber: Bobet, Geminiani, Lazaridès und Barbotin.

Der Erste und der Letzte der Tour de France 1951: Hugo Koblet und sein algerischer Freund Abdelkader Zaaf.

«Wollen wir nicht zusammenspannen?», fragt Bartali Koblet. «Dann wären wir zu zweit gegen vier.» – «Mich interessieren nur zwei Franzosen», antwortet Koblet, «Geminiani und Lazaridès.» Und so reagiert er nicht, als Bobet und Barbotin wenig später attackieren, sondern freut sich darüber, das «Gem» die Bonifikationsminute nicht gewinnen kann.

In Avignon gewinnt Bobet die Etappe. Die Presse feiert den französischen Triumph ausgiebig. Feldherr Bidot wird gelobt dafür, dass es ihm gelungen ist, die angeschlagene Mannschaft zu einer Einheit zu verschweissen. Ausserdem, so wird festgestellt, habe Koblet am Ventoux eine Schwäche gezeigt. Er sei sturmreif, in den Alpen werde man etwas erleben.

Doch vorerst passiert nichts. Die Besten erreichen Marseille und Gap gemeinsam. Magni darf sich mit einem Etappensieg über eine verpatzte Tour trösten. Also muss der Grossangriff der Franzosen zwischen Gap und Briançon erfolgen. Vars und Izoard würden dafür das ideale Gelände bieten.

LA PERL
3

HERMIT

KOBLET

Vorangehende Doppelseite: Die 22. Etappe von Aix-les-Bains nach Genf, ein 105 Kilometer langes Einzelzeitfahren, gewinnt Hugo Koblet hoch überlegen mit einer Durchschnittsgeschwindigkeit von 39,390 km/h.

Nachdem Hugo Koblet beim Zeitfahren die vor ihm gestarteten Bernardo Ruiz und Gino Bartali, seinen stärksten Widersacher, überholt hat, fährt er auch an Raphaël Geminiani vorbei.

LA PERLE
LA PERLE
LA P

AIX-GENEVE
BONAL APÉRITIF
1951

Vorangehende Doppelseite: Das Bild sagt mehr als tausend Worte…

Küssen gehört zum Sieger. Hugos Mutter Helen Koblet-Gross war ihm die liebste Gratulantin; links im Bild sein älterer Bruder Adolf.

Tour de France 1953: Der 13. Juli bringt Hugo Koblet kein Glück. In der 10. Etappe von Pau nach Cauterets stürzt er in der Abfahrt vom Soulor schwer und scheidet aus. Dieses Ereignis findet auch in Italien grosse Beachtung, wie die Titelseite der «Domenica del Corriere» vom 26. Juli 1953 zeigt.

Hugo Koblets Teamgefährte Marcel Huber ist einer der Ersten, der ihm zu Hilfe eilt.

LA DOMENICA DEL CORRIERE

Supplemento settimanale illustrato del nuovo CORRIERE DELLA SERA - Abbonamenti: Italia, anno L. 1400, sem. L. 750 - Estero, anno L. 2000, sem. L. 1050

Anno 55 — N. 30 | 26 Luglio 1953 | L. 30.—

Colpo di scena al Tour. Hugo Koblet, il più forte corridore ciclista svizzero, gran favorito nel 40° Giro di Francia, abbordando troppo velocemente una curva in discesa nella prima tappa dei Pirenei, dopo l'Aubisque, esce di strada, e capitombola riportando serie ferite così da doversi ritirare dalla corsa.

(Dis. di A. Torchio)

werden alle Wünsche von den Lippen abgelesen und erfüllt. Der Zielflughafen von Toussus-le-Noble wird über die vorzeitige Landung informiert, das Flugzeug in einen Hangar gefahren, ein Taxi, das die beiden nach Paris bringen soll, bestellt, das Rennvelo verpackt und ein Hotelzimmer für die Nacht in Melun reserviert. Denn schon am nächsten Morgen steht der Weiterflug nach Brüssel an zu einem der wichtigeren Kriterien mit der gesamten Weltelite.

Am Tag danach liegt noch immer dichter Nebel über Paris. Ein Weiterflug nach Toussus, wo die Zollabfertigung hätte stattfinden sollen, ist ausgeschlossen, wie ein Militärpilot nach einem Erkundungsflug feststellt. Deshalb wird ein Zöllner vom Bahnhof Melun aufgeboten, um die Formalitäten zu erledigen. Während Hans Martin wirbelt, liegt Hugo im Gras neben dem Flugzeug. Zwei Soldaten putzen sein Velo. Gegen Mittag steigt der Nebel. Der Wetterdienst schlägt vor, bis nach Amiens in hundert Meter Höhe unter dem Nebel der Bahnlinie über Paris nach Amiens zu folgen, danach sei freie Sicht bis Brüssel. Um 15 Uhr landet Martin sicher in Brüssel. Dann ist wieder Koblet am Zug. Er gewinnt den Grand Prix du Centenaire nach einer 75-Kilometer-Flucht mit einer Minute Vorsprung auf Raymond Impanis.

1952: Kranker Hugo Koblet nicht am Start

Der Vorjahressieger verpasst 1952 die Tour de France. Auch Kübler und Bobet fehlen. Die Erkrankung an der Tour de Suisse, die verhängnisvolle Spritze vor dem Zeitfahren in Monthey und die anschliessende Aufgabe am Simplonpass verhindern Koblets Start. Fausto Coppi ist wieder ganz der Alte und dominiert das Rennen nach Belieben. Er gewinnt fünf Etappen – eine mehr als Koblet im Vorjahr – und hat am Ziel 28 Minuten Vorsprung auf Stan Ockers, den Zweiten. «Coppi hätte auch den grossen Koblet geschlagen», behauptet Giuseppe Ambrosini, der Direktor der «Gazzetta dello Sport», in seinem Leitartikel.

1953: Ein schwerer Sturz am Soulor führt direkt ins Spital

Ein Jahr später kehrt Koblet zurück. Als er mit seinem Studebaker auf dem Rathausplatz in Strassburg ankommt, wird er sogleich bestürmt. Er steigt aus, geht ums Auto, um der Gattin von Doktor Rupf – seinem Hausarzt – die Türe zu öffnen. Dann beantwortet er die Fragen der Journalisten. «Schade, dass Coppi nicht dabei ist. Ohne ihn werde ich das ganze Gewicht des Rennens tragen müssen. Und ohne ihn zu gewinnen, ist eine Perspektive, die die Qualität des Erfolgs vermindern könnte.» Coppi, so ist anzufügen, hat erst im letzten Moment abgesagt. Aus dem gross angekündigten Jahrhundert-Duell zum 50-Jahr-Jubiläum wird nichts.

Koblet ist in Form. Nach seiner knappen und schmerzvollen Niederlage gegen eben diesen Fausto Coppi im Giro hat er die Tour de Suisse in einmaliger Art dominiert. Er gewann drei der acht Etappen, wurde viermal Zweiter und einmal Siebter. Oerlikon erreichte er am letzten Tag mit zwölf Minuten Vorsprung auf das Feld. Er hatte im Regen gefroren und deshalb noch einmal angegriffen.

Ferdy Kübler, entnervt von der um die Tour-de-France-Mannschaft entstandenen Diskussion, war bei der Tour de Suisse nicht dabei. Er werde sich fortan ganz auf die klassi-

14

Hugo Koblet wird ins Krankenhaus gebracht: Drei gebrochene Rippen, Verletzungen an Kopf, Armen und Oberschenkel bedeuten einige Tage Spitalaufenthalt.

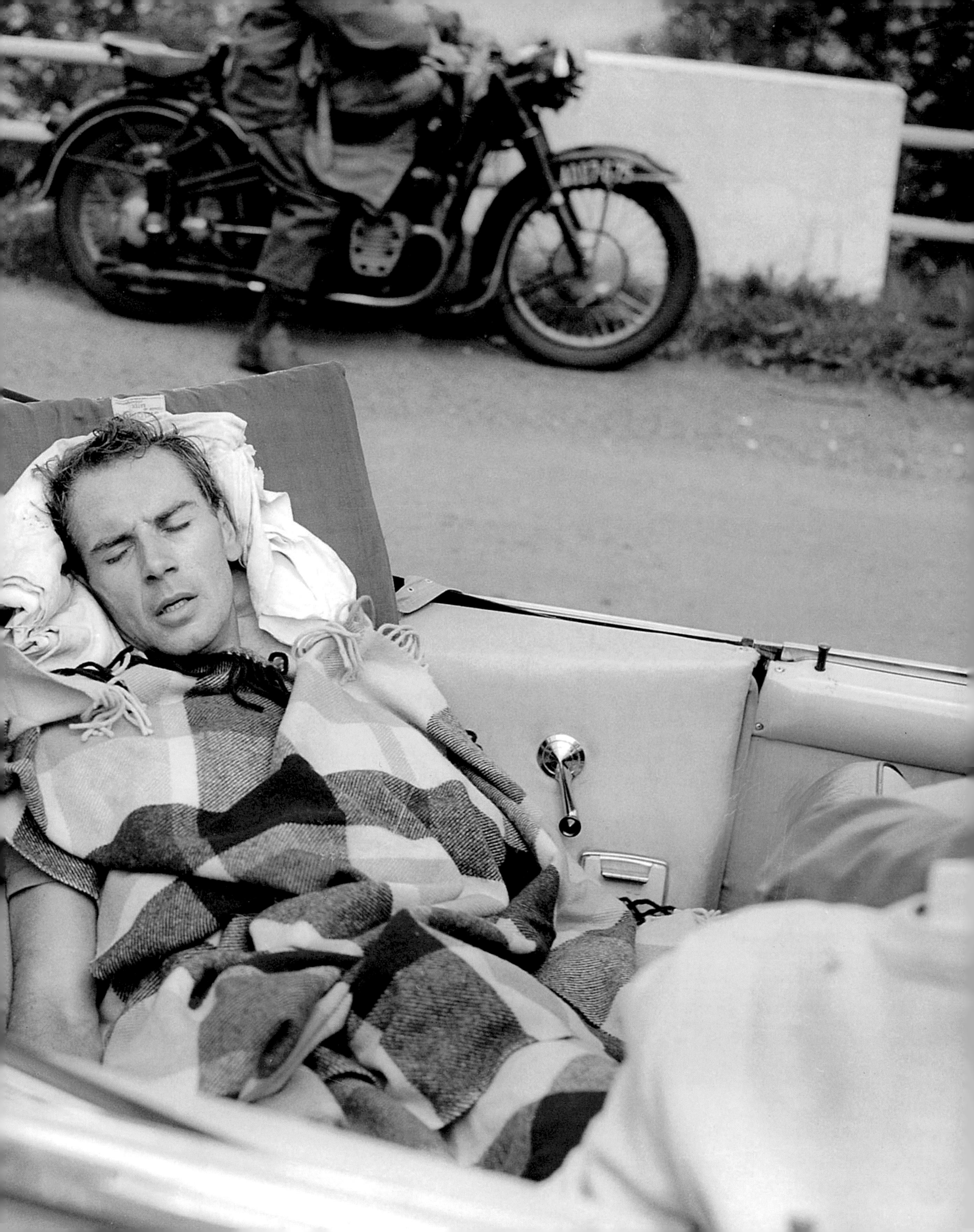

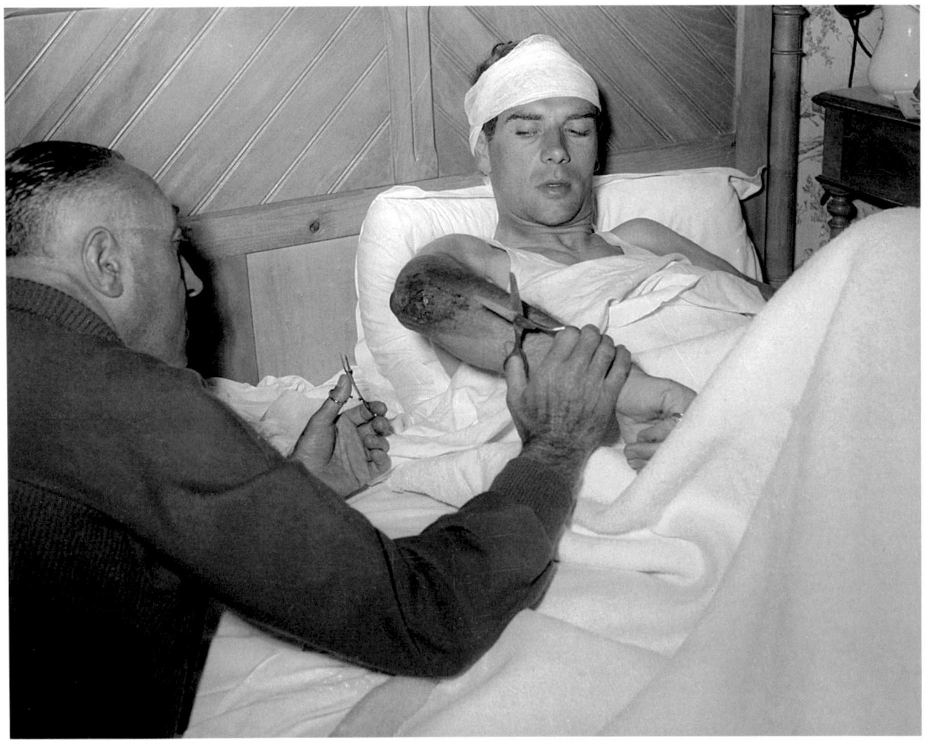

Die Verletzung am rechten Ellbogen lässt den schweren Sturz erahnen. Die Schweizer Mannschaft fährt dann für Fritz Schär, der den sechsten Schlussrang realisiert und das erstmals ausgetragene Punkteklassement gewinnt.

schen Eintagesrennen konzentrieren, erklärte er, als er den Verzicht auf die beiden Rundfahrten bekannt gab.

Ausgebrochen war der Konflikt im Giro d'Italia, als Kübler schon am ersten Tag aufgab, und geschürt wurde er durch ein Interview Koblets in «L'Equipe»: «Ich werde die Tour de France fahren, aber nur ohne Kübler. Ich will die Komödie vom Giro nicht noch einmal mitmachen, eher bleibe ich zu Hause.» Später zeigte sich Koblet versöhnlicher. Wenn Ferdy «genau präzisierte Verpflichtungen übernehmen würde», könne man noch einmal darüber reden, sagte er. Carl Senn arrangierte ein Gipfeltreffen, doch der in seinem Stolz gekränkte Kübler liess es platzen.

Die Tour beginnt gut für die Schweizer. Während Koblet seine Rivalen wie Bobet, Bartali und Magni kontrolliert, gewinnt Fritz Schär in Metz die erste Etappe, und am folgenden Tag doppelt er nach. Koblet verliert zehn Minuten, macht sich aber aus andern Gründen Sorgen. Erstens hat seine Mannschaft schon drei Fahrer – Emilio Croci-Torti, François Chevalley und Otto Meili – verloren. Und zweitens muss er feststellen, dass sich die Italiener damit begnügen, an seinem Hinterrad zu fahren. Koblet fährt in den Flachetappen oft vorn im Feld, und er beeindruckt durch seine Leichtigkeit. Er greift zwar mehrmals an, doch entwischen lässt man ihn nicht. Brive–Agen ist noch nicht vergessen. Immerhin: Ein bisschen leiden müssen die «Suceurs de roues» – die Hinterradfahrer. Weil Koblet immer vorne fährt, ist er auch meist der Erste, der bei der Verpflegung die «Musette» fasst. Dann drückt er, während er die Sachen in seinen Trikottaschen verstaut, jeweils ein bisschen aufs Tempo.

Nach neun Etappen liegt Koblet auf dem 26. Rang, 12:07 Minuten hinter Fritz Schär, der seine Freiheiten geniesst. Ist er noch so stark wie vor zwei Jahren? Die Meinungen gehen auseinander. Die erste Pyrenäen-Etappe soll die Antwort bringen. Sie führt von Pau über die Pässe Aubisque und Soulor hinauf nach Cauterets.

In der Anfahrt zum Aubisque schickt Koblet mit Marcel Huber einen «Kundschafter» voraus, der vom Franzosen André Darrigade und vom Italiener Umberto Drei begleitet wird. Das Trio wird vom Spanier Lorono verfolgt. Am Fuss der Steigung liegt es vier Minuten vor dem Feld. Dies ist der Augenblick für den lange erwarteten Angriff Koblets. Seinem Antritt widersteht keiner. Drei Kilometer vor der Passhöhe überholt er die drei Flüchtlinge. Doch er wirkt nicht unwiderstehlich, Lorono, der jetzt an der Spitze liegt, rückt er nicht näher. Und den Vorsprung auf die Gruppe mit Bobet und Robic kann er nicht vergrössern. Bei ihm zeigen sich Anzeichen einer Schwäche. Im kurzen Aufstieg zum Soulor wird er von der Bobet-Robic-Gruppe überholt.

Als überragender Abfahrer gibt sich Koblet jedoch noch nicht geschlagen. So stürzt er sich in die steile und gefährliche Abfahrt vom Soulor, ohne Rücksicht auf die lauernden Gefahren. Und dann passiert es: Koblet verliert die Kontrolle über sein Rad. Nach einem Überschlag landet er tief unten im Gebüsch, ganz in der Nähe einer Brücke. Marcel Huber, der ihm in der Abfahrt nicht hat folgen können, hält sofort an. Félix Lévitan, der stellvertretende Tour-Direktor, steigt aus seinem Wagen. Die beiden getrauen sich kaum hinzuschauen. Koblet liegt regungslos dort, kein Ton kommt über seine Lippen. Er blutet am Kopf und an den Armen.

Lévitan und Huber helfen Koblet auf die Beine. Dann wird er auf eine Bahre gelegt, in die Ambulanz gebracht und ins Spital überführt. Dort wird der Arzt drei gebrochene Rippen feststellen, dazu eine Verletzung am linken Oberschenkel, die später operiert werden muss und ihn zu einem längeren Spitalaufenthalt verurteilt. Als ihn Lévitan im Krankenhaus besucht, sieht er ein erbarmungswürdiges Bild. Der grosse Hugo liegt im abgedunkelten Zimmer, den Kopf in einen Turban gepackt, durch den Blut drückt. Er ist bleich und schwach. «Lasst mich», sagt er, «lasst mich.» Und er fügt hinzu: «Hat man meine Mutter benachrichtigt?»

Am Tag danach erweist der Tour-Tross dem gestürzten Favoriten die Ehre. Fast alle kommen vorbei. Koblet hat den ersten Schock überstanden und kann sich über das Défilé freuen. Besonders gerührt ist er, als ihm ein Mechaniker einer italienischen Mannschaft ein Geschenk aufs Nachttischchen legt. «Das ist für dich, weil ich dich bewundere.»

Wenige Tage später fährt Koblet mit Doktor Rupf zurück nach Zürich. Vor der Abreise lässt er seinen Teamkollegen ausrichten: «Fahrt für Fritz Schär, er hat es verdient.» Schär wird in Paris Sechster und gewinnt das neu geschaffene Punkteklassement. Louison Bobet feiert beim sechsten Anlauf seinen ersten Tour-de-France-Sieg.

1954: Das Pech besiegt Hugo Koblet

1954 zeigt sich, nach einem ziemlich missglückten Jahr, der Schweizer Radsport wieder von seiner besten Seite. Ferdy Kübler ist 35 und frischer denn je. Er glänzt in den Ardennen mit zwei zweiten Rängen. In der Flèche Wallonne wird er als Spurtsieger einer grösseren Spitzengruppe «wegen Verlassens der geraden Linie» und Behinderung von Derycke auf den zweiten Platz zurückversetzt, bei Lüttich-Bastogne-Lüttich verpasst er den Sieg wegen eines Reifenschadens. Rolf Graf, sein junger Schützling, gewinnt Gent-Wevelgem. Beim Giro d'Italia feiern Carlo Clerici und Hugo Koblet ihren viel beachteten Doppelsieg. Das sind gute Voraussetzungen für eine grosse Tour-de-France-Mannschaft.

Koblet will die Tour noch einmal gewinnen. Deshalb überredet er seinen Freund Clerici, der bei den Giro-Revanchen viel Geld verdienen könnte, in Frankreich dabei zu sein. Das Problem ist nur: Koblet will Kübler – und auch Rolf Graf – nicht in der Mannschaft haben, und Carlo Clerci, Marcel Huber und Emilio Croci-Torti sind mit ihm solidarisch. Kübler wird Wortbruch vorgeworfen, durch ihn, so heisst es, kämen «Unruhe, Nervosität, Störung und Uneinigkeit» in die Mannschaft.

Tour de France 1954: Bei der ärztlichen Untersuchung vor dem Start in Amsterdam herrscht gute Stimmung im Schweizer Team. Hugo Koblet zwischen Rolf Graf und Ferdy Kübler.

SRB-Präsident Carl Senn sieht keine Chance, die beiden K zusammenzubringen, und sucht Rat bei Jacques Goddet, dem Tour-Direktor. Der sagt: «Ich liebe Ferdy wegen seines Temperaments des Kämpfers, aber wenn ich wählen muss, wähle ich Koblet.»

Am 19. Juni selektioniert das Nationalkomitee den von Koblet und Clerici angeführten «Giro-Siebner» und lässt noch drei Plätze offen. Kübler und Graf gehören nicht zu den Kandidaten.

Ferdy ist bitter enttäuscht, seine Anhänger glühen vor Zorn. Im Kanton Uri, wo Bibi Imhof sein Restaurant hat und sich Kübler bei seinen unzähligen Klausenfahrten zu verköstigen pflegt, brodelt es gewaltig. Der Zufall will, dass dort am Sonntag vor Tour-Beginn die Schweizer Meisterschaften stattfinden.

Vielleicht schlägt Koblet deshalb ein Versöhnungsgespräch vor. Zwei Tage vor der Meisterschaft kommt es zur Einigung. Dabei verpflichten sich beide, sich an die Direktiven des Sportlichen Leiters zu halten. Was für Kübler bedeutet: Er muss Koblet helfen, «wenn sich dieser in Form befindet

Die gute Stimmung ist verflogen: heftige Diskussion zwischen Ferdy Kübler, Hugo Koblet und Fritz Schär am Ziel der 2. Etappe in Lille, nachdem der Sprint um den Tagessieg von Louison Bobet vor Kübler und Koblet gewonnen wurde.

und seine Absichten zu verwirklichen vermag». Oder anders ausgedrückt: Kübler ist Koblets Domestike. Am Sonntag wird Ferdy Kübler zum fünften Mal Schweizer Strassenmeister. Er bezwingt Schär, Clerici und Koblet, die unter sich ausgemacht hatten, dass einer von ihnen gewinnen solle, aber sicher nicht Kübler. Nur: Als Koblet angriff, fuhr ihm ausgerechnet Schär nach.

Zwei Tage später fliegen die vier Ersten der Schweizer Meisterschaft nach Amsterdam. Noch nie hat Alex Burtin eine stärkere Mannschaft kommandiert. Sie ist prädestiniert dazu, von Beginn weg anzugreifen. Koblet gilt als Favorit bei den Fachleuten, denen nicht entgangen ist, wie locker er im Giro d'Italia fuhr. Ausserdem nimmt man an, dass er aus den beiden Niederlagen von 1953 die Lehren gezogen hat. Sein Angriff auf Coppi in den Dolomiten im Giro d'Italia und der verschwenderische Vorstoss am Aubisque, bei dem er sich vor einem Jahr überschätzte, werden als taktische Fehler betrachtet, die der intelligente Hugo nicht mehr begehen werde. Die Erkenntnisse von Koblets Leibarzt Eugen Rupf, zu denen dieser nach dem Zusammenbruch seines Schützlings in der Tour de Suisse 1952 gekommen ist, sind noch unter Verschluss. Sie besagen, dass Koblet über 1500 Meter über Meer nie mehr sein einstiges Leistungsvermögen erreichen werde. Und sie verbieten ihm auch heftige Efforts wie eine 5-Kilometer-Verfolgung. Selbst Koblet will diesen Prognosen keinen Glauben schenken.

So entfacht Hugo Koblet nach nur 74 Kilometern das Feuer. Es bildet sich eine grössere Spitzengruppe mit den meisten Favoriten. Auch Kübler und Schär sind dabei. Im Feld hat niemand Lust, nachzuführen. Das wird Kübler zum Verhängnis. Nach einem «Platten» fällt er ins Feld zurück, verliert neun Minuten – und damit schon am ersten Tag die Tour?

Am zweiten Tag ist es Fritz Schär, der angreift. Diesmal wird Stan Ockers überrascht, der Zweite des Vorjahrs. Koblet, Kübler, Bobet, Robic und Geminiani sind dabei. Im Spurt der Zehnergruppe in Lille will Kübler Koblet den Spurt anziehen und ihm so zur Bonifikation verhelfen. Doch auf den holprigen Pavés rutscht er aus den Pedalhaken. Bobet überspurtet den überraschten Koblet. Kübler reagiert erneut und braust von hinten nochmals heran. Eine Handbreite fehlt ihm schliesslich zum Sieg. Das Ergebnis ist eine erste Polemik, die den Frieden stört im Team: Kübler hat Koblet eine halbe Minute Zeitgutschrift weggeschnappt.

Am nächsten Tag gewinnen Koblet/Kübler/Schär das erste Mannschaftszeitfahren der Tour-Geschichte, dann setzt sich Kübler im Spurt einer Fünfzehnergruppe durch, und in der Bretagne, der Heimat Bobets, belegen Koblet, Kübler und Schär nach einer wilden Jagd über die «russischen Hügel» gegen Bobet, der während 20 Kilometern um den Anschluss kämpft und ihn auch schafft (dank Jean Forestier, der sich aus der Spitzengruppe zurückfallen lässt), die Ränge zwei bis vier hinter Sechstage-Sprinter Forlini, der die Bonifikation holt und Bobets «Maillot jaune» rettet. In der Gesamtwertung liegt Koblet nur noch 17 Sekunden hinter Bobet, Schär hat als Dritter 59 Sekunden Rückstand, Kübler als Vierter 5:58 Minuten. «Wenn wir weiter versuchen, mit den weissen Kreuzen mitzuhalten», stöhnt Raphaël Geminiani, «werden wir bald beim Roten landen.»

Bis zum Ruhetag in Bordeaux ändert sich an dieser Ausgangslage nichts, auch wenn Koblet keine Gelegenheit auslässt, Bobet zu testen, und Wout Wagtmans, der von der Rivalität der beiden profitiert, sich das «Maillot jaune» erkämpft. Die Schweizer sind in idealer Lauerstellung.

Die Etappe von Bordeaux nach Bayonne in den Landes im Südwesten Frankreichs ist flach. Die einzige Schwierigkeit ist der vom Meer her wehende Seitenwind, der immer wieder zu Schwenkern im Feld führt. Auch Nicolas van Est bleibt nicht verschont. Pech für Koblet, dass er unmittelbar hinter ihm fährt. Er will ausweichen, berührt einen Trottoirrand und stürzt. 47 Kilometer sind zurückgelegt, 155 fehlen noch bis ins Ziel. Benommen bleibt Koblet liegen.

Clerici, Huber, Graf, Croci-Torti, Metzger und Pianezzi steigen ab, kehren um und fahren zurück. Später, als er hört, was passiert ist, wartet auch Kübler, der weiter vorne im Feld gefahren ist, so wie sich das für einen Helfer gehört. Antoine Blondin, der Schriftsteller, der die Tour für «L'Equipe» begleitet und Ferdy kennt, ist beeindruckt: In seiner Kolumne wird er schreiben: «Koblet wurde auch unterstützt von Kübler, indem sich der Engel und der Dämon mehr denn je eine erbitterte Schlacht lieferten.»

An der Spitze des Feldes sehen die Franzosen eine Chance, die Schweizer zu distanzieren. Bobet hat allerdings nur drei Helfer bei sich, die andern sind ebenfalls in den Massensturz verwickelt. Koblet hat eine grosse Beule auf der Stirn, eine tiefe Fleischwunde an der rechten Schulter, und seine ganze rechte Seite ist aufgeschürft. Es dauert gut drei Minuten, bis er wieder aufs Rad steigt. Nun beginnt eine wilde Jagd, die eine ganze Stunde dauert. Dann hat der Schweizer Schnellzug das Feld wieder eingeholt.

Koblet schläft kaum in der folgenden Nacht. Das Leintuch klebt an den Wunden. Und am nächsten Tag steht der Aubisque auf dem Programm. Koblet wirkt schwerfällig und matt, als er auf sein Velo steigt. Schon in den ersten Kehren wird der einbandagierte Schweizer abgehängt. Kübler, jetzt noch mehr Engel als am Vortag, bleibt an seiner Seite und spricht ihm gut zu. «Fahr nur weiter Ferdy, es wird schon gehen», sagt Koblet, der bis zur Passhöhe viereinhalb Minuten auf Federico Bahamontes, den «Adler von Toledo», verliert. Es ist kalt auf 1700 Metern über Meer, der Nebel ist suppendick, die Strasse zum Teil vereist. Und so fallen alle in der fürchterlichen Abfahrt, die wir von den Stürzen van Ests und Koblets kennen: Wagtmans, Bobet, Kübler – der schon fast wieder aufgeholt hat –, Schär und auch Koblet. Ihn erwischt es am schlimmsten. Die Fleischwunde an seinem Knie muss am Etappenziel genäht werden. Dieses erreicht er, weil er das Abfahren auch im Elend noch nicht verlernt hat, nur 1:48 Minuten hinter dem Sieger. Noch ist nichts verloren. Nur: Es folgt die grosse Pyrenäen-Etappe mit Tourmalet, Peyresourde und Aspin. Dort hat er vier Jahre zuvor einen der Grundsteine zu seinem Sieg gelegt.

Es wird ein Tag des Leidens, ein Tag, wie ihn Fausto Coppi, sein Vorbild und Rivale, vor vier Jahren auf dem Weg nach Montpellier erlebt hat. Wie hat Koblet doch damals mitgelitten mit dem grössten aller Champions. «Was nun», schrieb er in seinem Büchlein «Mein schönster Sieg», «wenn es dir ähnlich ergeht? Heute lacht mir die Welt zu, aber morgen schon ist sie bereit, mich zu vergessen. Wenn das Schicksal an die Türe pocht, muss man es eintreten lassen. Man kann nicht mit ihm markten. Es gibt jedem sein Mass.»

Markten hat tatsächlich keinen Sinn. Begleitet von Huber und Croci-Torti, schleicht er über die Berge, die er einst beherrscht hat. Die Objektive der Fotografen nimmt er kaum wahr. Er weiss, dass sie nur ihre Arbeit verrichten, so wie sie es damals bei Coppi getan haben. Aber er tut ihnen nicht den Gefallen abzusteigen. Er beisst sich durch, findet einen ge-

Nach seinen beiden Stürzen in der 9. Etappe nach Bordeaux und in der 10. Etappe in der Abfahrt vom Col de l'Aubisque quält sich Hugo Koblet über die Pyrenäen. Doch er kann leiden und erreicht das Ziel der 12. Etappe in Luchon.

Während der 13. Etappe von Luchon nach Toulouse gibt Hugo Koblet auf. Tour-Direktor Jacques Goddet versucht vergebens, ihn zur Weiterfahrt zu überreden.

wissen Rhythmus und erreicht Luchon 26 Minuten nach dem Sieger, aber noch vor Kontrollschluss.

Koblet ist am Ende. In der 13. Etappe, die von Luchon nach Toulouse führt, ist für ihn nach 88 Kilometern Schluss. In Masseube, einem Dorf im Armagnac-Gebiet, löst er die Riemen seiner Pedale und setzt sich auf einen Erdhügel am Strassenrand, sein Gesicht verbirgt er in den Händen. Marcel Huber bleibt bei ihm und wirkt mindestens ebenso erschüttert. Er wird wie auch Martin Metzger das Rennen aufgeben.

Sind es tatsächlich nur die Verletzungen, die Koblet gebremst haben? Selbst die grössten Fans unter den Journalisten glauben nicht mehr daran. Experten wie Charles Pélissier vom «Miroir du Cyclisme» rechnen Koblet das Verschleudern seiner Kräfte vor. «Miroir Sprint» schreibt: «Es gibt etwas, das nicht mehr funktioniert in seinem Organismus, etwas, das nicht mehr heilt. Seine Nieren sind in einem schlechten Zustand.» Er habe seine Schwäche hinauszögern können – bis zur steilen Steigung. Und bis zu diesem Zeitpunkt habe er «in seinem majestätischen Stolz dieser Tour de France einen infernalen Rhythmus aufgezwungen, wie man ihn noch nie erlebt hat. Er fuhr wie ein Pokerspieler, der seine Karten sorgfältig verborgen hält, und versuchte seine Gegner zu beeindrucken.» Koblet habe in der «Art des überragenden und grosszügigen Löwen» gekämpft. «Ein Löwe kann noch so krank sein, er kämpft bis zum Schluss.»

Mexiko, die «heimtückische, ansteckende Krankheit», die er von dort heimgeschleppt hat, die Spritze, die ihn in der Tour de Suisse hätte fit machen sollen für das Duell gegen Kübler und die sein Herz kaputt machte: Koblet ist in den Bergen nicht mehr Koblet. Die Verletzungen und Stürze halfen mit, dies zu vertuschen, mehr nicht.

Am Abend wohnen die Schweizer im Grand Hotel von Toulouse. Auch die Franzosen sind dort untergebracht. Louison Bobet schaut bei Koblet vorbei. «Jetzt hast du mich erwischt», sagt Hugo. «Nicht doch», antwortet Louison, der die Tour gewinnen wird. «Dich hat das Pech besiegt.»

Am nächsten Morgen, vor dem Start in Toulouse, pilgert fast der ganze Tour-Tross zu Koblet ins Zimmer. Auch Bobet will sich von Hugo verabschieden. Vor dem Zimmer trifft er auf Clerici, Croci-Torti und Pianezzi, die auf der Treppe sitzen. «Wollt ihr nicht zu ihm», fragt Bobet. «Wir warten noch», antwortet Croci-Torti, «wir wollen nicht, dass er uns weinen sieht.»

Es sind die drei Letzten, die vom «Giro-Siebner» übrig geblieben sind. Ihre Lust, das Rennen fortzusetzen, hält sich in engen Grenzen. Zwei Tage später, in Millau, suchen sie Kübler auf und unterbreiten ihm einen Wisch zur Unterschrift. Ferdy soll sich verpflichten, auf all seine Prämien zu verzichten und das ganze Geld unter den Kollegen zu verteilen. Nur so würden sie weiterfahren und ihn unterstützen. Das bringt jedem am Ende der Rundfahrt 21 000 Franken ein. Auch Koblet erhält seinen Anteil. In Paris beendet Kübler die Tour hinter Bobet auf dem zweiten Rang, Schär wird Dritter. Kübler gewinnt ausserdem das Punkteklassement und das Team die Mannschaftswertung.

Es ist das letzte grosse «KK»-Kapitel in der Geschichte der Tour de France. Koblet wird nicht mehr zurückkehren, für Kübler wird die grosse Strassenkarriere mit einem fürchterlichen Einbruch am Mont Ventoux 1955 zu Ende gehen. «Attention Ferdy», sagt ihm Raphaël Geminiani, als er dem «Riesen der Provence» entgegenjagt. «Der Ventoux ist kein Berg wie alle andern.» – «Ferdy pas coureur comme les autres», antwortet ihm Kübler. Und fährt ins Verderben. Am gleichen Tag geht auch die Karriere von Carlo Clerici, der in die Fussstapfen der beiden hätte treten können, praktisch zu Ende. Er stürzt in der Abfahrt vom kahlen Berg bei Tempo 80 und bricht sich dabei das Becken und einige Wirbel. Es sind Verletzungen, von denen er sich nie mehr erholen wird. Die blockierten Wirbel haben nach grosser Anstrengung Lähmungserscheinungen in den Beinen zur Folge. Eine Operation verspricht nur eine 40-prozentige Erfolgschance. Zu einem Sieg in der «Züri-Metzgete» reicht es 1956 noch, dann tritt er zurück – und wird Zigarettenvertreter.

Le Parisien
TOUR DE
FRANCE 54
OFFICIEL
L'EQUIPE
LA COURSE

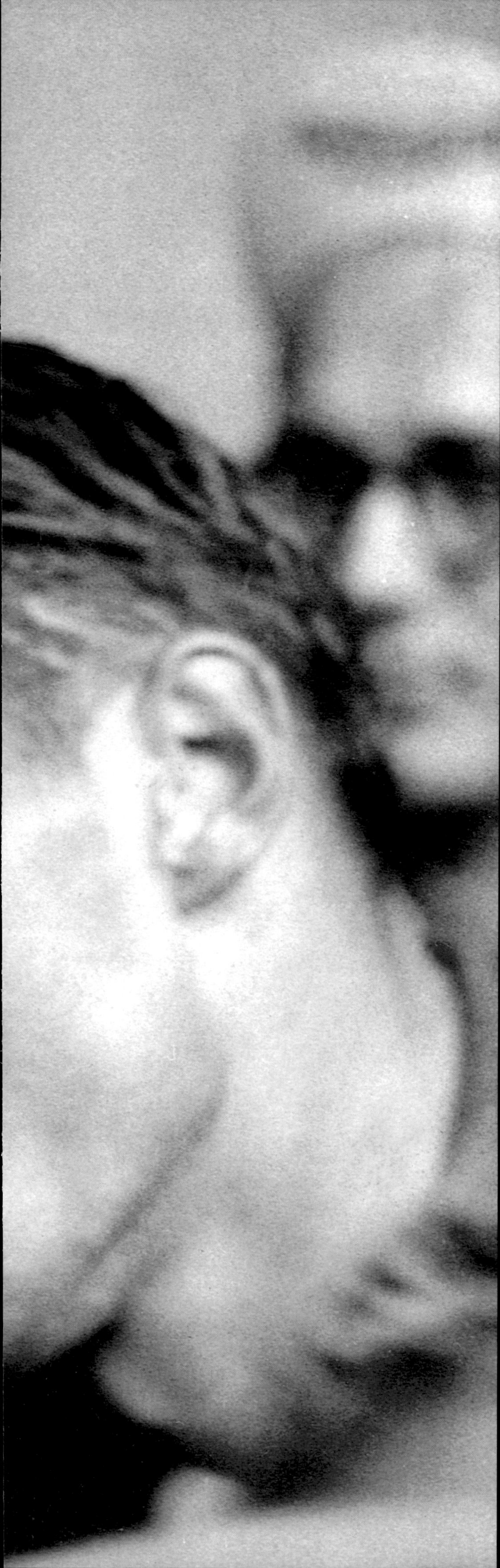

Die KK-Story

Vorangehende Doppelseite: Kübler und Koblet, die beiden K – gegensätzlicher hätten die damaligen Schweizer Idole des Radsports nicht sein können!

Tour-de-Suisse-Start 1948 mitten in der Stadt Zürich am Bahnhofquai.

Die ersten Meter führen über die Rudolf-Brun-Brücke. Hugo Koblet ist in der vorderen oberen Hälfte erkennbar.

START
EWZ

Kübler – Koblet: Unentschieden in der Tour de Suisse

Sepp Renggli

1. Teilnahme, 1. Etappe, 1. Teilstück, 1. Sieg: Hugo Koblet gewinnt in Siebnen 1:06 Minuten vor Ferdy Kübler und Fausto Coppi.

Bewunderung und Erstaunen: Goldtrikotträger Gino Bartali holt anlässlich der 2. Etappe von Davos nach Bellinzona den in Reichenau ausgerissenen Hugo Koblet in Splügen ein.

Zwischen 1947 und 1955 prägten die Duelle zwischen Hugo Koblet und Ferdy Kübler die Tour de Suisse. Die beiden Rivalen gewannen zusammen fünf der neun Schweizer Rundfahrten jener Epoche. Trotz Tony Rominger, Alex Zülle und Oscar Camenzind und trotz Fernsehübertragungen erreichte unser Radrennsport nie mehr die Popularität der späten Vierziger- und frühen Fünfzigerjahre des vergangenen Jahrhunderts.

Der im Jahr zuvor Berufsfahrer gewordene Hugo Koblet gab seinen Tour-de-Suisse-Einstand am 16. August 1947. Drei Monate früher, im Mai, hatte er anlässlich der Tour de Romandie sein erstes Profi-Mehretappenrennen bestritten. Und wie! Nicht zuletzt dank Koblets Rollerqualitäten gewann Leo Ambergs Helvetia-Team das Mannschaftszeitfahren. Das hatten sogar die bereits arrivierten Ferdy Kübler, Fausto Coppi und Fritz Schär mitbekommen. Sie beäugten den Neuling argwöhnisch.

Die erste Tour-de-Suisse-Etappe musste in drei Tranchen absolviert werden; zum Auftakt Zürich–Siebnen 88,5 Kilometer, hernach Siebnen–Vaduz 73,1 Kilometer und am Spätnachmittag Vaduz–Davos 83 Kilometer. Schon zu Beginn hielt es Koblet im 61-köpfigen Feld kaum aus. Er wollte allein sein, wählte den grössten Gang und beschleunigte. Doch sein Fluchtversuch scheiterte. Coppi, Kübler und Schär packten den frechen Springinsfeld höchstpersönlich am Schopf. Dennoch wagte Koblet in der Schlussphase des Morgenpensums einen zweiten Versuch. Bartali, Coppi, Kübler, Schär und Konsorten schauten sich an. «Führe du, Fausto!» – «Nein du, Gino, oder du, Ferdy!» Keiner wollte. Und so kam es, dass der 22-jährige Grünschnabel 66 Sekunden vor der internationalen Prominenz in Siebnen eintraf.

Gerne hätte sich der schon damals sorgfältig auf sein Äusseres bedachte Etappensieger ins schmucke Goldtrikot gekleidet, doch laut Reglement wurde es erst am Abend dem Zeitschnellsten in Davos verliehen. Diese Ehre gebührte Gino Bartali. Und er behielt es bis zum letzten Pedaltritt am 23. August, als Koblet längst nicht mehr dabei war. Als ungeübter Kletterer hatte er am Wolfgang, am Bernardino, am Gotthard und an der Furka viel Zeit verloren und nach einem Sturz am fünften Tag kapituliert.

Die Tour de Suisse 1949 rollte ohne Koblet und Kübler. Hugo fehlte wegen einer Verletzung, Ferdy erklärte nach seinem Tour-de-France-Schwächeanfall Forfait. Dafür schlugen der «Pédaleur de charme» und der «Fou pédalant» 1950 umso dynamischer zu. Die Auseinandersetzung der beiden helvetischen Radgiganten verlief während dreier Tage ausgeglichen, ehe Hugo seinem Nebenbuhler im 61-Kilometer-Zeitfahren Genf–Lausanne pro Kilometer eine Sekunde abknöpfte. Die finale Entscheidung bahnte sich während der sechsten Etappe auf den Naturstrassen der Oberalp und des Lukmaniers an. Kübler traversierte den zweiten Pass 3:30 Minuten nach Koblet, stürzte in der Lukmanier-Abfahrt, erreichte Bellinzona mit 23:30 Minuten Verspätung und konnte Koblets ersten Tour-de-Suisse-Sieg nicht verhindern.

Das epische Ringen 1951 an der Bernina und am Flüela – Küblers letzter Tour-de-Suisse-Sieg – wird an anderer Stelle dieses Buches (Seite 131/132) beschrieben, ebenso das krankheitsbedingte Koblet-Debakel 1952 (Seite 136). Statt Haudegen Ferdy Kübler versetzte diesmal ein studierter Mediziner dem Favoriten Hugo Koblet den K.-o.-Schlag.

Aussergewöhnliche Bilder, aufgenommen während und nach der Ehrenrunde: Hugo Koblet auf der offenen Radrennbahn Oerlikon nach der Schlussetappe der Tour de Suisse 1951 Davos–Zürich.

Der Umschlag des Programmheftes der Tour de Suisse 1951 zeigt die beiden K – das Duell der beiden bleibt unvergesslich...

Hugo Koblet fährt 1955 als Tour-de-Suisse-Leader beim Zeitfahren von Luzern nach Zürich auf der offenen Radrennbahn seine letzte Runde. Mit fünf Sekunden Rückstand hinter dem Belgier Jean Brankart wird er Etappenzweiter und gewinnt die Tour de Suisse zum dritten Mal.

Folgende Doppelseite:
Die 6. Etappe der Tour de Suisse von 1953 von Luzern nach Bellinzona führt über den Gotthard. Hugo Koblet gewinnt sie mit einer halben Minute Vorsprung auf den Zweiten, Fritz Schär. Hier fährt er an dritter Position in den ersten Kehren des Gotthard oberhalb von Hospental.

1953 eskalierte der «K-K-Konflikt». Kübler hatte sich nach der ersten Etappe des Giro d'Italia unverhofft von der Schweizer Equipe verabschiedet und kehrte auch der Tour de Suisse brüsk den Rücken. Hugo benützte Ferdys Abwesenheit zu einer wohl einmaligen Serie von Etappenrängen: Zweiter, Zweiter, Erster, Zweiter, Siebter, Erster, Zweiter, Erster. Die 253-Kilometer-Apotheose St. Moritz–Zürich beendete Koblet nach einem grossartigen Solo (siehe Seite 130) mit dem Rekordvorsprung von 12:50 Minuten. Ferner beteiligten sich 75 weitere Fahrer an dieser Koblet-Tour. Der zehntplatzierte Joseph Cerami war 42 Minuten länger unterwegs als der alle überragende Triumphator.

Weil die Tour de Suisse 1954 von den Kalendermachern – wegen der in der Schweiz stattfindenden Fussball-Weltmeisterschaft – in den August verbannt wurde, verzichteten die Schweizer Koryphäen nach dem Giro d'Italia und der Tour de France auf die Bestreitung des dritten schweren Etappenrennens. Dafür entbrannte der «K-K-Zweikampf» ein Jahr später zum allerletzten Mal. Sieger Koblet! Auf der 268-Kilometer-Mammutfahrt von Genf nach Sitten distanzierte der Jüngere den Älteren um 5:30 Minuten und liess ihn im abschliessenden 83-Kilometer-Zeitfahren Luzern–Zürich fast drei Minuten hinter sich, womit Koblet seine dritte Tour de Suisse gewann und zum ebenfalls dreimal siegreichen Kübler aufschloss. Beide verliessen am 18. Juni 1955 gemeinsam unsere Landesrundfahrt, die sie zum populärsten Schweizer Sportereignis gemacht hatten. Sie gingen und kehrten nie mehr zurück. Kübler 36-jährig, Koblet 30-jährig.

Kübler – Koblet: Unentschieden in der Tour de Suisse

Koblet: sieben Starts, drei Gesamtsiege,
einmal Zweiter, elf Etappensiege,
14 Tage im Goldtrikot.
Kübler: acht Starts, drei Gesamtsiege,
einmal Zweiter, elf Etappensiege,
14 Tage im Goldtrikot.
Koblet gewann zweimal den Bergpreis, Kübler viermal.
Dafür dominierte Koblet drei Zeitfahren, Kübler keines.
Kübler und Koblet, zwei Athleten wie Wasser und Feuer, der «Fou pédalant» und der «Pédaleur de charme»! Die Symbiose Koblet und Kübler hätte selbst Eddy Merckx und Lance Armstrong das Fürchten gelehrt.

DURA
24

HOTEL LÖWEN

ST. GOTTHARD

Ferdy Kübler: «Hugo war mein Doping»

Martin Born

Hugo Koblet und Ferdy Kübler fahren zusammen zum Start der Strassen-Weltmeisterschaft 1951 in Varese, wo Ferdy Kübler in einem sensationellen Rennen gegen die italienische Übermacht verdienter Weltmeister vor Fiorenzo Magni und Antonio Bevilacqua wird.

Tour de Suisse 1948: Der Leader und Gesamtsieger Ferdy Kübler mit Hugo Koblet, der die 5. Etappe von Altdorf nach Lugano mit 3:25 Minuten vor dem Goldtrikotträger gewinnt. In der Mitte Georges Ulmer.

Sie waren vor Hugo Koblets Giro-Sieg ein über 30-jähriger, guter Rennfahrer, der in der Schweiz alles, im Ausland aber wenig grosse Rennen gewonnen hatte. Was wäre Ferdy Kübler gewesen ohne Hugo Koblet?

Ich war schon 31, Hugo erst 26. Und da kommt er und gewinnt den Giro. Die ganze Schweiz feierte Hugo, den jungen Star. Ich wurde Vierter und blieb unbeachtet. In dieser Situation musste ich einfach reagieren. Ich hatte schon vier Rundfahrten in den Beinen, Rom–Neapel–Rom, die Tour de Romandie, den Giro d'Italia und die Tour de Suisse, das muss man sich mal vorstellen. Heute macht das niemand mehr. Dann reiste ich zur Tour de France und wusste: Jetzt musst du ganz gut fahren, sonst spricht niemand mehr von dir. Es war ganz klar: Hugo hat mich angetrieben, ohne ihn hätte ich diese Tour nie gewonnen. Wir spornten uns auch später gegenseitig zu Höchstleistungen an. Er war mein Doping. Unser Duell hat die Fans gefesselt, so wie in Italien das Duell zwischen Coppi und Bartali, das Land war in zwei Lager geteilt. Gäbe es heute noch etwas Ähnliches, ginge es dem Schweizer Radsport auch besser.

Im Jahr danach zog Koblet gleich, während Sie als Titelverteidiger auf die Tour de France verzichteten.

Hugo gewann die Tour de France in einem unglaublichen Stil, er war ganz einfach sensationell. Ich hatte auf eine Teilnahme verzichtet, weil ich nach dem langen Frühjahr mit allen Klassikern und dem Sieg in der Tour de Suisse Erholung brauchte und mich ganz auf die Strassen-Weltmeisterschaft konzentrieren wollte. Nach Hugos Sieg an der Tour de France blieb mir gar nichts anderes übrig, als nach Varese zu fahren und dort Weltmeister zu werden. Ich habe mich während sechs oder sieben Wochen ganz gezielt vorbereitet und bin in dieser Zeit sicher zwölfmal über den Klausen gefahren. Ich konnte mich wie kein anderer im Training auf ein einzelnes Rennen vorbereiten, weil ich mich dabei ausgeben konnte. Heute können das nicht mehr viele, heute brauchen sie Rennen dazu.

Hat Ihnen Koblet beim Gewinn des WM-Titels geholfen?

Wir hatten abgemacht, dass wir nicht gegeneinander fahren würden. Als Koblet zu Beginn mit einer Gruppe wegfuhr, führte ich hinten keinen Meter. Als er wieder eingeholt wurde, bestätigte ihm Göpf Weilenmann, dass ich mich korrekt verhalten hätte. Also hielt sich auch Koblet an die Abmachung. Bei Gino Bartalis Gegenangriff blieb Hugo an dessen Hinterrad. Bartali kam immer näher, konnte aber nicht aufschliessen. Koblet musste ihn zuletzt sogar noch ziehen lassen. Dann gab er auf.

Was hatte Koblet, was Ihnen fehlte?

Er hatte sicher sehr viel Talent. Walter Jacob, der Reporter des «Sport», der seine Berichte immer schon im Auto verfasste, bewunderte ihn allein schon deshalb. Einmal hat er geschrieben: «Kübler ist ein Energiebündel, aber die Klasse fehlt ihm.» Ich glaube nicht, dass einer ohne Talent die Tour de France, die Weltmeisterschaft und so viele andere Rennen gewinnen könnte. Andererseits war es nicht so, dass ich der Einzige war, der leiden konnte. Auch Hugo konnte leiden, wenn er nach einem Sturz alles aufgeschürft hatte und weiterkämpfte.

Continental

1948 sind die beiden K Mannschaftsgefährten bei Tebag. An der Schlossberg-Rundfahrt von Lenzburg sind sie bei Wildegg «neben den Schienen» und feiern einen Doppelsieg.

elften Etappe erhalten. Man hat mir vorgeworfen, ich wäre mit Bobet in der «Kippe». Bobet und ich waren gute Freunde. Als er zu mir kam und mir vorschlug, uns nicht gegenseitig anzugreifen, wenn der eine Defekt haben oder stürzen sollte, war ich einverstanden. Das war keine Kombine, sondern ein «Accord» unter Freunden. Ich unterschrieb, weil ich keinen Streit wollte. Doch ich schwor mir, dafür zu sorgen, dass keiner dieser Helfer auch nur eine Tour-Revanche würde fahren dürfen. Monsieur Dousset, der die Fahrerfelder für die Tour-Revanchen zusammenstellte, war mein Freund. An jedem Tag gab es damals Tour-Revanchen, Kriterien und Bahnrennen, dort konnten wir Geld verdienen. Er verpflichtete sich, mir eine Konventionalstrafe von 20 000 Schweizer Franken zu bezahlen, wenn er auch nur einen der andern Schweizer engagieren würde.

Sie hätten auch 1953 im Giro d'Italia für Koblet fahren sollen. Doch dann gaben Sie schon am ersten Tag auf.

Ich fuhr mit Koblet in der Mannschaft von Guerra. Schon gleich nach dem Start hüpfte meine Kette auf den Kränzen. So konnte ich gar nicht weiterfahren. Und weil ich keine Hilfe von einem Mechaniker erhielt, musste ich aufgeben. Ein grosser belgischer Journalist, der hinter mir herfuhr, hat das gesehen. Später stellte sich heraus, dass Learco Guerra ein Kettenglied zusammengedrückt hatte. Es war Sabotage.

Sie waren als Mitglied des RV Zürich Schweizer Meister, als Hugo Koblet zum Verein kam. Ist er Ihnen aufgefallen?

Ich ging zum RVZ, weil ich auch einmal Schweizer Meister im Mannschaftsfahren werden wollte. Das haben wir während des Krieges auch geschafft. Wir gewannen mit elf Minuten Vorsprung. Danach blieb ich zwar Mitglied, aber der Kontakt war nur noch lose. Hugo lernte ich kennen, als er bei Leo Amberg arbeitete.

Als Koblet zu Tebag kam, waren Sie dessen Captain. Hat er das Team verlassen, weil er nicht Ihr Wasserträger sein wollte?

Er kam 1948 zu Tebag. Ich erinnere mich noch gut an die Schlossberg-Rundfahrt bei Lenzburg, als wir zu zweit dem Feld um vier Minuten vorausfuhren. Hugo fragte mich, ob er das Rennen gewinnen dürfe. «Du bist einer von Tebag», antwortete ich ihm, «wenn du gewinnst, wird Herr Dietsche Freude haben.» Deshalb liess ich ihn gewinnen. Im Herbst kam er dann zu mir und sagte: «Ferdy, ich möchte weg von Tebag, ich möchte Chef werden.» Ihm passte auch nicht, dass ihm Dietsche immer Vorträge hielt und ihm das Autofahren verbieten wollte. Ich hörte auf Dietsche. Für mich war er ein grosser Geschäftsmann, dem ich vertraute. Er konnte mich zusammenstauchen, und ich dankte ihm noch dafür. Koblet liess das mit sich nicht geschehen. Da war er anders als ich. Sein Wechsel zu Cilo war das Beste, was uns passieren konnte. So wurden wir zu Rivalen.

Sie waren früher ja selber bei Cilo.

Für 30 Franken Startgeld pro Rennen. 1949 erhielt Hugo dann bereits einen Monatslohn von ein paar hundert Franken.

Das Geld verdienten Sie anderswo.

Ich war der erste Rennfahrer in der Schweiz, der seinen Preis hatte. Ich hatte in der Schweiz fast alles gewonnen, da konnte ich mir das erlauben. Ich forderte 2000 Franken, und wenn ich sie nicht erhielt, fuhr ich nicht. Ich hatte einen genügend harten Kopf, dies durchzusetzen. In einigen wenigen Rennen holte ich sogar 2500 bis 3000 Franken heraus. Hugo war schlau und profitierte davon. Er machte nie einen Preis, sondern verlangte von jedem Veranstalter, auch dem RV Zürich, seinem eigenen Klub, das, was ich erhielt. Er wusste genau, was er wollte.

Das legendärste Duell zwischen den beiden K fand in der Tour de Suisse 1951 in der zweitletzten Etappe am Flüelapass statt.

Hugo fuhr an der Bernina so schnell weg, dass ich keine Chance hatte, bei ihm zu bleiben. Ich hatte ein halbes Dutzend Italiener aus seiner Mannschaft an meinem Hinterrad und führte alleine nach. Am Fuss des Flüelapasses hatte ich sechs Minuten Rückstand. Dann trat ich an und gab alles, was ich in mir hatte. Minute um Minute holte ich auf. Auf den letzten Kilometern vor der Passhöhe sah ich Hugo. Die Leute rannten ihm nach. Er war im Winter immer in Davos, ich in Arosa. Er hatte also ein Heimspiel. Ich sah, wie sie ihn stiessen. Auf der Passhöhe hatte ich trotzdem nur noch 28 Sekunden Rückstand, gleich viel wie später am Ziel. Dort kam er zu mir und sagte: «Es ist unglaublich, wie du heute

TEBAG
TEBAG

Die legendärste Etappe der Tour de Suisse im Jahr 1951 von Lugano nach Davos: Hugo Koblet dominiert die Etappe mit 58 Sekunden Vorsprung auf Ferdy Kübler, und dieser gewinnt seine dritte Tour de Suisse mit 4:15 Minuten vor Hugo Koblet.

Eine der schönsten Aufnahmen von Hugo Koblet und Ferdy Kübler: Ehrenrunde in Davos.

CILO

Im Spätherbst ihrer Karrieren fahren Hugo Koblet und Ferdy Kübler 1956 zusammen das 3. Zürcher Sechstagerennen und belegen den vierten Schlussrang. Es siegten der Holländer Gerrit Schulte und sein dänischer Partner Kay-Werner Nielsen.

gefahren bist. Aber ich sage dir eins: Das Rennen ist noch nicht zu Ende. Morgen greife ich an, zwanzig oder dreissig Mal, wenn es sein muss.» Ich schlief trotzdem gut. Am nächsten Tag machte Hugo seine Ankündigung wahr. Er griff an, und ich wehrte mich. An der Hulftegg lagen wir zwei Minuten vor allen andern, doch wir fuhren nicht zu, weil wir uns verpflegen wollten. Es war kalt und es regnete. Am Hasenstrick wartete Paul Egli, mein alter Freund, am Strassenrand mit einem Becher Tee auf mich. Ich wollte ihn nehmen, Hugo sah es und griff an. Ich liess den Becher fallen und fuhr ihm nach. In Dübendorf kam dann Hugo zu mir, legte mir die Hand auf die Schulter und sagte: «Ferdynand, ich gratuliere, du hast gewonnen.» So reagiert ein grosser Sportsmann.

Später haben Sie mit Koblet auch noch ein Zürcher Sechstagerennen bestritten.

Am 11. März 1956 gewann ich Mailand–Turin. Ich fuhr in der Mannschaft Coppi-Carpano, das war der erste Co-Sponsor, der nicht aus dem Radsport kam. Ich hatte die Form, um gleich danach Mailand–San Remo zu gewinnen. Doch Hallenstadiondirektor Emil Keller überredete mich, in Zürich mit Koblet das Sechstagerennen zu fahren.

Harmonierten Sie zusammen?

Kein Problem, wir waren reif geworden, standen vor dem Abschluss unserer Karrieren und waren Freunde. Wir fuhren danach ja auch zusammen nach Portugal und nach England, wo wir das Zimmer teilten und ganz schön Geld verdienten.

Bei Ihrem Abschiedsrennen im Hallenstadion schnappten Ihnen Hugo Koblet und Oscar von Büren den Sieg in der Américaine weg. Hat Sie das geschmerzt?

Ich fuhr mit Rik van Steenbergen, der damals Weltmeister war. Nach siebzig Kilometern hatten wir eine Runde Vorsprung und am meisten Punkte. Ich hätte absteigen können, und Rik hätte das Rennen auch im Alleingang noch heimgebracht. Doch dann hat ihm Hallenstadiondirektor Keller tausend Franken angeboten für den Fall, dass er nicht gewinne. Es wäre nicht gut für das Hallenstadion gewesen, wenn wir gewonnen hätten, sagte er später, denn dann hätte es geheissen, bei seinem Abschiedsrennen habe der Ferdy ja gewinnen müssen. Rik war ein wunderbarer Rennfahrer, aber auch ein Geldmensch. Er akzeptierte das Angebot und liess die Beine «hängen». Deshalb konnten Hugo Koblet und Oskar von Büren doch noch gewinnen. Und noch etwas: Nachdem ich abgestiegen war, schraubte Rik den Sattel von meinem Velo ab und steckte ihn in die Trikottasche. Er wusste, dass ich immer die schönsten Sättel hatte, und wollte ein Andenken an mich behalten.

Mein Freund Hugo

Sepp Renggli

1950 siegt Hugo Koblet beim Grand Prix von Basel. Ehrendame ist die bekannte Wiener Schauspielerin und Sängerin Waltraut Haas, die durch ihre Paraderolle als Rösslwirtin im Film «Im Weissen Rössl am Wolfgangsee» berühmt geworden ist. Hugo nimmt sie gleich mit auf die Ehrenrunde.

Küblerianer und Kobletisten

Die Schützengasse, unweit des Zürcher Hauptbahnhofs gelegen, eine eher bescheidene Querverbindung zur mondänen Bahnhofstrasse, war für die lokale Radsportgemeinde zu Beginn der Fünfzigerjahre des 20. Jahrhunderts bedeutsamer als die Via Veneto in Rom, die Champs-Élysées in Paris oder die Fifth Avenue in New York. Denn hier befanden sich das Café Rio und das Restaurant Schützen. Ferner gehörten zur Schützengasse – so nebenbei – das sternenreiche Hotel Gotthard, der vornehme Coiffeursalon Ochsner, die stets nach Fondue riechende «Walliser Kanne», das Café Littéraire, wo sich Pseudoliteraten mit hübschen Mädchen trafen, und der Zeitungsverkäufer Johnny, von dem behauptet wurde, er wohne in einem Kellerloch, sei jedoch Millionär. Für die von ihm lauthals in die Schützengasse geschmetterten Schlagzeilen sorgten der Stellungskrieg in Korea in der Nähe des 38. Breitengrades und Koblets oder Küblers Siege. Letztere interessierten vor allem die Stammgäste im Café Rio und im Restaurant Schützen. Denn in diesen beiden Etablissements gingen die zwei besten Radrennfahrer jener Tage ein und aus, Ferdy Kübler im «Rio», Hugo Koblet im «Schützen». Ich verkehrte im «Rio» und war somit bekennender Küblerianer. Wenn Ferdy nicht gerade bei seinem Rösli in Adliswil weilte oder trainierend den Klausen attackierte, kam er gelegentlich im «Rio» vorbei, begrüsste uns freundlich und verteilte Autogramme. Johnnys «Tat» kostete 20 Rappen, ein Milchkaffee 50 Rappen und der Haarschnitt vis-à-vis bei Ochsner, dem die Ehre zufiel, Ferdys Figaro zu sein, inklusive Trinkgeld fast fünf Franken. Ich konnte mir diesen Luxus nur leisten, wenn ich ein Kübler-Autogramm – mit Widmung – günstig verkauft hatte.

Besitzer des Café Rio war der aus St. Gallen nach Zürich heruntergekommene Georges Ulmer. Ich weiss noch heute nicht, wie er es schaffte, aber er durfte unserem verehrten Champion vor dem Start gelegentlich das Velo halten und manchmal als Hilfsmaterialwart auf dem Rücksitz, eingeklemmt zwischen Ersatzrädern, im Tebag-Wagen Platz nehmen. Wohl deshalb nannte er sich, wenn Ferdy nicht zuhörte, Küblers Manager.

Hugo Koblets Anhänger trafen sich, einen Katzensprung entfernt, auf der linken Seite der Bahnhofstrasse, im Restaurant Schützen bei Hans Martin, dem ehemaligen Profirennfahrer, «Züri-Metzgete»-Sieger, Kriteriumskönig, Schrittmacher, Directeur sportif, viermaligen Schweizer Meister im Akrobatikflug, Handharmonika-Virtuosen und Inhaber von 81 Erfinderpatenten. Die Erfindung des die Schnürsenkel radikal verdrängenden Schnallenskischuhs machte den ehemaligen Elektromonteur vom einst mausarmen Multitalent zum angesehenen Multimillionär.

Um aus meinem karg möblierten Zimmer – 60 Franken monatlich – an der dem «Rio» und Kübler nahen Usteristrasse auszubrechen und dem in der Pension Gehrig – mit Butterküche – üblichen Krautstiel-Menü für Fr. 1.95 zu entfliehen, gestattete ich mir mitunter einen Abstecher ins feindliche Lager ennet der Bahnhofstrasse. Erstens konnte ich dort für Fr. 4.80 meiner dem Budget angepassten Lieblingsspeise Schweinskotelett mit Spaghetti al dente huldigen, zweitens ein paar Brocken aus Koblets intimster Umgebung aufschnappen und drittens anderntags im Café Rio meinen Zuhörern mit Hugo-News imponieren. Zum Beispiel, dass Hugo Koblet und Armin von Büren ihren Gegnern beim Kartenspiel «Sidi Barrani» oder «Pandur» gestern mehr als 50 Franken abgeknöpft hatten, derweil Kübler, wie sie hämisch lächelnd erzählten, im grössten Regen schlotternd über den Klausen gestrampelt sei und anschliessend im Restaurant Schützenhaus in Bürglen einen von Bibi Imhof offerierten Wurstsalat hinuntergewürgt habe.

Dieser liebenswerte Bibi Imhof, mit der obligaten weissen Schirmmütze Marke Büsi auf dem Kopf und der Urner Fahne im Gepäck, war damals der Schweizer Sportfan Nummer eins. Nach Küblers WM-Triumph in Varese 1951 und einer mit etlichen tausend Lire dotierten Diskussion mit den für Ordnung sorgenden Carabinieri stürmte Bibi als Erster ins scheinbar hermetisch abgesperrte Zielgelände und drückte Ferdy an seine breite Urnerbrust. Der ohne Lire gestikulierende Schweizer Delegationsleiter Carl Senn gratulierte Kübler mit einigen Minuten Verzug. 19 Jahre später wiederholte sich eine ähnliche Szene in Val Gardena: Ehe FIS-Präsident Marc Hodler zum neuen Abfahrtsweltmeister vordringen konnte, lagen sich die Urner Imhof und Russi bereits in den Armen. Bibi hätte, wäre der Heilige Vater dort gewesen, sogar den Papst ausgebremst. Das Urner Original verschaffte sich als mysteriöser Inhaber eines Presseausweises der «Gotthard-Post» Zutritt zu vielen wichtigen Sportveranstal-

AUTOMOTO

Am Sonntag, 15. Juli 1951, schreibt Hugo Koblet Radsportgeschichte. Als «Pédaleur de charme», «Apollo von Aussersihl», «Mozart der Landstrasse», «il più bel pedalatore», «il farfallino» und «il falco biondo» geht er in die Annalen ein.

Der brave Deprez hielt anfänglich tapfer mit und wollte sogar Führungsarbeit leisten, doch erblickte er nie etwas anderes als Koblets Hinterrad. Nach zehn Kilometern entschwand selbst dieser Rettungsring auf Nimmerwiedersehen. Am Ziel erklärte der Verlierer: «Koblet, c'était un véritable avion.»

Die Koryphäen nahmen Koblets Eskapade zunächst kaum ernst. Sie liessen den vermeintlichen Spinner gewähren, weshalb ich ihm beim 75. Kilometer 3:50 Minuten Vorsprung melden durfte. Jetzt erst läuteten die Alarmglocken und erwachten die Cracks. Sie erhöhten das Tempo und organisierten die Jagd. Die Hauptmacht spaltete sich in zwei Teile, vorne Express, hinten B-Post. Koblets Vorsprung schmolz um eine Minute. Gegenwind erschwerte seinen Alleingang. Alex Burtin schwante Ungemach. Er pilotierte den Fabrikwagen an Koblets Seite und machte ihn auf das Risiko dieser Attacke aufmerksam. Sein Schützling schüttelte den Kopf, schlug die gut gemeinte Warnung in den etwas abflauenden Wind, schaltete einen Gang höher und trat noch kräftiger in die Pedale, die Hände indes stets oben am Lenker, nie verkrampft oder angeschlagen wirkend.

Hinten bildete sich eine unheilige Allianz. Coppi, Bartali, Magni, Bobet, Lazaridès, Geminiani und Ockers, sieben Gegner die sich meistens spinnefeind waren, rauften sich zusammen, lösten regelmässig ab und versuchten, dem Spielverderber den Garaus zu machen. Koblets Zimmergenosse Leo Weilenmann und dessen Bruder Gottfried probierten mehrmals, den Schnellzug zu bremsen, doch alle Störmanöver gegen die vereinigte Weltelite misslangen schon im Anfangsstadium. Nur Koblet trotzte der 7:1-Übermacht. Er distanzierte auf den folgenden zehn Kilometern Bartali, Coppi & Co. erneut um 45 Sekunden und lag nach 165 Kilometern 3:35 Minuten vor seinen Häschern. Koblet spielte mit der Zweirad-Hautevolée ein fast diabolisches Katz-und-Maus-Spiel. Kamen die Jäger dem Ausreisser ein paar Sekunden näher und schöpften neue Zuversicht, beschleunigte Koblet postwendend die Fahrt und stellte den alten Abstand wieder her – einmal, zweimal, dreimal. Bei den Verfolgern wechselten Hoffnung und Enttäuschung im Minutentakt. Die Hoffnung sterbe zuletzt, wird behauptet. Sie starb endgültig nach 177 Kilometern.

Auch der finale Grossangriff des italienisch-französisch-belgischen Bündnisses scheiterte kläglich. Zwar machte die internationale Radsportfusion im Schlussabschnitt pro Kilometer je eine Sekunde gut, doch Koblet rettete nach dem 136-Kilometer-Solo 2:35 Minuten Zeitreserve ins Ziel. Bevor seine Rivalen Agen erreichten, sagte der Zürcher seinem Zürcher Interviewer: «Ich bin nicht müder, als wäre ich im Feld mitgefahren», küsste, erfrischt, gekämmt und gewaschen, die erste ihn umarmende Ehrendame und wartete auf die zweite. Falls die beiden noch leben, werden sie, wie viele andere Augenzeugen, ihren Enkeln vom spektakulärsten Radsport-Handstreich aller Zeiten an der bestbesetzten Tour de France aller Zeiten erzählen, vom grössten Koblet, den es je gegeben hat, vom charmantesten aller Sieger, vom «Pédaleur de charme».

Gottfried «Göpf» Weilenmann, Jahrgang 1920, gelernter Geometer, Tour-de-Suisse-Sieger 1949, WM-Zweiter 1952, Schweizer Amateur- und Profimeister, Leutnant und Chefstratege der Schweizer Tour-de-France-Mannschaften 1950 und 1951, verhalf Kübler wie Koblet zum Triumph. Nach Hugos Tod würdigte er dessen sportliche Taten in den Nachrichten des Deutschschweizer Radios:

«Nun möchten wir aber doch noch von der grössten sportlichen Leistung, die wir jemals miterleben durften, erzählen. Es ist die schon jetzt legendäre Tour-de-France-Etappe Brive–Agen 1951. Alle Zeugen dieser 136 Kilometer langen Soloflucht sind sich einig, dass nie vorher und nie nachher eine gleichwertige Rennfahrerleistung zu erleben war. Für meinen Bruder Leo und für mich ist diese Tour-de-France-Etappe der absolute Höhepunkt. Es begann mit dem eher harmlosen Angriff zweier Franzosen. Im Gegenangriff hast du sie sofort eingeholt und stehen gelassen. Jetzt wurde von deinen stärksten Rivalen Grossalarm gegeben. Das Feld zerfiel schon jetzt in zwei Teile, welche bis ins Ziel nicht mehr zusammenschliessen konnten. Trotz Gegenwehr hatte der erste Teil nach wenigen Kilometern zwei Minuten Rückstand, der zweite Teil aber schon vier Minuten. Als alle Bemühungen, dich bald wieder einzuholen, an deiner Entschlossenheit scheiterten, wurde von der verfolgenden Weltklasse die Taktik geändert. Man wurde sich einig, dich während hundert Kilometern in den Wind zu hängen. Auf den letzten 36 Kilometern solltest du dann eingeholt werden. Schon die ersten hundert Kilometer deiner Flucht waren mörderisch. Und immer betrug der Vorsprung über drei Mi-

3

Einmalig in der Tour-de-Suisse-Geschichte: 1953 fährt Tour-Leader Hugo Koblet der gesamten Konkurrenz während der letzten Etappe von St. Moritz nach Zürich davon. Er erreicht das Ziel auf der offenen Radrennbahn mit einem Vorsprung von 12:50 Minuten vor Carlo Clerici und Fritz Schär.

Hugo Koblet liebt das Engadin und St. Moritz: Nach seinem Sieg in der 19. Etappe des Giro d'Italia 1951 wird er 1954 wieder Solosieger der 21. Etappe.

nuten. Gab es aber im ersten Feld ein kleines Zögern, so wuchs die Differenz auf vier Minuten. Dann kamen die letzten dreissig Kilometer. Noch nie waren die Asse aller Länder in ihrer Anstrengung so einig gewesen. Nur Fahrern mit Weltklassenamen gelang es, im ersten Glied der Staffel zu fahren. Alle andern kämpften verzweifelt, um nicht von den Hinterrädern abgehängt zu werden. Es war einfach unvorstellbar, dass ein einzelner Rennfahrer da noch Widerstand leisten konnte. Auch Campionissimo Fausto Coppi gab – wie zum Beispiel Magni, Geminiani, Lazaridès, Ockers und so weiter –, was er zu geben hatte. Und was wurde erreicht? Dein Vorsprung sank von drei auf zweieinhalb Minuten. Du verlorst eine Sekunde pro Kilometer nach hundert Kilometern Solofahrt – und das gegen die vereinigte Weltklasse! Du wurdest nicht eingeholt, noch weniger abgehängt, und am wenigsten, wie von deinen Gegnern geplant, aus der Tour-Entscheidung geworfen.»

Streikbrecher Koblet

Zwei ebenso aussergewöhnliche Husarenritte bot Koblet 1953 und 1954 in der Schweiz. Am 24. Juni 1953, anlässlich der Schlussetappe der Tour de Suisse von St. Moritz nach Zürich über 246 Kilometer, pflegten die Herren Pedaleure das «Dolce Vita». Weil der Rückstand auf die Marschtabelle im Rheintal monströse Formen annahm, ergriff Tour-Leader Koblet in der Steigung nach Wildhaus höchstpersönlich die Initiative und deklassierte nach einer beispiellosen Triumphfahrt durch die Ostschweiz die ganze Gesellschaft um fast 13 Minuten. Es dämmerte, die Strassenlaternen brannten, das Peloton traf knapp vor 21 Uhr auf der Rennbahn Oerlikon ein.

Etliche Diskussionen löste Koblets Giro-Solo am 12. Juni 1954 aus. Carlo Clerici sonnte sich in der «Maglia rosa», «Edeldomestik» Koblet war Zweiter, Fausto Coppi müde. Wohl deshalb und wegen der «unzumutbaren 222-Kilometer-Vier-Pässe-Folter Bozen–St. Moritz» gab der Campionissimo die Streikparole heraus: Hände oben, bummeln! Die Belegschaft gehorchte. Im Puschlav betrug der Zeitverlust auf den langsamsten Fahrplan (28 km/h) 75 Minuten. Das passte Koblet nicht in den Kram. Auf dem höchsten Punkt der gesamten Italienreise, 2330 Meter über Meer, ignorierte er Coppis Anordnungen, rief: «Ciao Fausto!» und raste allein die Bernina hinunter Richtung Pontresina. Dort weidete das Rindvieh, die Kühe mit übervollen Eutern. Als Koblet Pontresina endlich passiert hatte, wollten die Bauern nicht mehr länger mit dem Melken warten. Sie trieben ihre Vierbeiner über die Kantonsstrasse in die Ställe; die inzwischen ebenfalls in Pontresina eingetroffenen Verfolger mussten absteigen. Der Stalldrang siegte. Freie Fahrt für Koblet, Ankunft in St. Moritz 18.30 statt 17.00 Uhr, 1:48 Minuten vor Gino Bartali und Coppis Vasallen.

Einige italienische Journalisten, offensichtlich enttäuscht ob dem sich abzeichnenden Schweizer Giro-Doppelsieg Clerici-Koblet, recherchierten und behaupteten in ihren Gazetten, der Kuhreigen von Pontresina sei ein abgekartetes Spiel der Engadiner Hirten gewesen. Koblets Mutter, eine geborene Gross, stammte aus Pontresina.

Das epische Duell

So wie Brive-la-Gaillarde–Agen in die Tour-de-France-Geschichte einging, so war im Vormonat an den beiden längsten Tagen des Jahres, am 21. und 22. Juni 1951, Tour-de-Suisse-Geschichte geschrieben worden, diesmal von zwei Hauptdarstellern. Auf den 489 Kilometern zwischen Luzern, Lugano und Davos, über Oberalp, Lukmanier, Monte Ceneri, Bernina und Flüela, erreichte die K-K-Rivalität ihren absoluten Höhepunkt. Der 32-jährige Kübler und der 26-jährige Koblet, der Tour-de-France- und der Giro-Sieger, kämpften auf dem Gipfel ihrer Karrieren. Jetzt ging's ums Ganze, jetzt ging's darum, dem Schweizer Radsportpublikum zu demonstrieren, wer der Grösste der Grossen war, «le fou pédalant» oder «le pédaleur de charme». Am Oberalppass frohlockten die Koblet-Anhänger. Ihr Idol, Zweiter im Gesamtklassement hinter Dino Rossi und vor Kübler, wählte für den K.-o.-Schlag gegen Widersacher Kübler eine legendenumwobene Gegend: die Teufelsbrücke bei Göschenen. Mit einem urplötzlichen Antritt liess er die gesamte Tour-Karawane stehen, radelte einsam die steile Schöllenen empor und knöpfte dem mit drei Helfern hechelnd um den Anschluss ringenden Kübler drei

Die Defekthexe trifft während der 6. Etappe der Tour de Suisse 1951 von Luzern nach Lugano Hugo Koblet mehrmals. Er verliert auf Ferdy Kübler 8:06 Minuten. Damit ist eine Vorentscheidung um den Gesamtsieg gefallen.

Minuten ab. Auf dem Oberalp war Koblet virtueller Goldtrikotinhaber. Ferner fuhr auch Ferdy Kübler ... Die 15. Tour de Suisse schien an der Kantonsgrenze zwischen Uri und Graubünden entschieden. Wenn da nicht die oft zitierte böse Defekthexe ihres sadistischen Amtes gewaltet hätte! In der Schussfahrt nach Disentis erlitt Koblet, je nach Auslegung, Standort, Phantasie und Neutralität der Adabeis, drei bis sieben – im mathematischen Mittel also fünf – Pannen und musste, assistiert vom Mechaniker, die Reifen eigenhändig wechseln – drei-, vier-, fünf-, sechs- oder siebenmal? Tourentscheidend war indes der allerletzte Zwangshalt. Der Studebaker von Cilo-Chef Hans Martin verweigerte mit stotterndem Motor die Weiterreise, Hugo stand mutterseelenallein mit kaputtem Schlauch, gebrochenem Ventil und untauglicher Pumpe am Strassenrand. Anno dazumal gab's noch keine Radiotour und keine verkabelten Rennfahrer. Jeder musste selbst denken, jeder war sich selbst der Nächste. Der Zweitnächste war in diesem Fall ein Zuschauer. Er trieb

In der 7. Etappe von Lugano nach Davos greift Hugo Koblet schon zu Beginn der Steigung zum Berninapass an. Nur die Italiener Vittorio Rossello und Pasquale Fornara können dem entfesselten Koblet folgen.

Hugo Koblet am Flüela, gefolgt vom Wagen des Tour-Direktors Carl Senn, spürt förmlich, dass sein Rivale Ferdy Kübler immer näher kommt.

irgendwie und irgendwo die Pumpe eines alten Militärrades auf; und, oh Wunder, sie funktionierte. Doch zu spät! Während Koblets Bereifung die Luft ausgegangen war, hatte Kübler neue Luft geschöpft. Er raste, frisch inspiriert und tatkräftig unterstützt von Gleichgesinnten, beschwingt am flügellahmen Unglücksraben vorbei. «Arrivederci a Lugano!»

Bis zum Wiedersehen dauerte es freilich eine geraume Weile. Auf dem Lukmanier gewann der Adliswiler den Bergpreis. Koblet folgte nach 7:53 Minuten. In Lugano überliess der neue Tour-Leader seinem treuen Paladin Vittorio Rossello splendid den Etappensieg – die Konkurrenz sprach von Schiebung – und begrüsste den mit mehr als acht Minuten Verspätung eingetroffenen sportlichen Intimfeind im eigentlich für diesen reservierten Goldtrikot. Hugo, völlig demoralisiert, lächelte trotzdem, wenn auch etwas gequält: der «Pédaleur de charme».

Am nächsten Morgen wurde den Schwerstarbeitern erneut ein happiges Pensum vorgesetzt: 240-Kilometer-Tortur Lugano–Veltlin–Puschlav–Bernina–Engadin–Flüela–Tschuggen– Landwassertal–Davos, zum Teil auf dreckigen Naturwegen, was bei der heutigen Rennfahrergeneration kaum Anklang fände. Nicht so bei den «antiken Giganten der Strasse». Sie machten saure Miene zur staubigen Strafaufgabe, schluckten Ärger wie Schmutz hinunter und mobilisierten ihre letzten Kräfte, allen voran Hugo Koblet. Er wollte, wenn schon, nach dem gestrigen Desaster mit fliegenden Fahnen untergehen. Bereits am Fuss der Bernina sorgte er für Unruhe im Feld, machte Küblers Tebag-Team nervös und griff mit Cilo-Mannschaftsgefährte Pasquale Fornara und Vortagessieger Vittorio Rossello im Puschlav an. Bis zur Passhöhe verlor der Tebag-Clan zwei Minuten. Talwärts verabschiedete sich der unerschrockene Abfahrer von seinen italienischen Begleitern und kletterte in Susch mit 120 Sekunden Reserve in die Flüelarampe. Hier begann der eindrucksvolle Showdown, das spektakulärste aller bisherigen Tour-de-Suisse-Duelle, der Zweikampf Koblet/Kübler auf höchstem Niveau. Die beiden Protagonisten degradierten die übrigen bergauf strampelnden Akteure zu unbedeutenden Komparsen. Kübler schien die besseren Karten zu besitzen. Er holte in diesem radsporthistorischen Ferngefecht Sekunde um Sekunde auf. Zwei Kilometer vor der Passhöhe lag er lediglich 55 Sekunden hinter Koblet, einen Kilometer später noch 35 Sekunden. Koblet spürte fast Küblers Atem im Nacken, rettete aber 200 Meter Vorsprung über den Kulminationspunkt. Und die genügten! Denn der Jüngere riskierte «downhill» Richtung Tschuggen Kopf und Kragen und traf schliesslich 58 Sekunden vor Kübler in seiner zweiten Heimat Davos ein. Kübler gratulierte Koblet jovial zum Etappensieg, Koblet gratulierte Kübler jovial zum Tour-Triumph und reichte ihm einen seiner beiden Blumensträusse. Denn als Mitglied des Skiclubs Davos hatte er von den Einheimischen ein zusätzliches Bukett erhalten. Kübler dankte für die Maien und schenkte sie weiter. Denn mit zwei Gebinden auf der Ehrenrunde hätte er für die Fotografen den Namen seines Brötchengebers Tebag auf dem schmucken Goldtrikot verdeckt. Clever, dieser Kübler, nicht bloss mit den Beinen.

«Gute Freunde ...»

Als sich Hugo Koblet 1958 aus dem Rampenlicht verabschiedete, begann das Fernsehen, schwarz-weiss, gerade seinen Siegeszug. Nicht auszudenken, in welch schwindelerregende Sphären Hugos Popularität in diesem sonst so nüchternen Land gestiegen wäre, hätte das neue Medium seine gla-

CH
ZH
401
1

Anlässlich des ersten Zürcher Sechstagerennens 1954 nimmt Hugo Koblet im Hallenstadion die Glückwünsche seiner Mutter entgegen.

Hugo Koblet ist zusammen mit Sepp Renggli Radsport-Kommentator für Radio Beromünster. Hier interviewt er den Gesamtsieger der Tour de Suisse 1962, den Deutschen Hans (Hennes) Junkermann.

mouröse Laufbahn telegen begleitet. Koblets Fangemeinde reichte vom Kindergartenschüler bis zur Urgrossmutter. Einmal, es muss 1962 gewesen sein, schaltete unser TdS-Radioreporter-Team in Olivone eine Kaffeepause ein. Wir waren in der Gartenwirtschaft indes nicht lange unter uns. Tifosi wollten Autogramme von Hugo, und eine junge Frau stellte uns ihren kleinen Sohn vor: «Das ist Ugo. Er heisst Ugo, weil er zur Welt kam, als Sie an der Spitze des Feldes an unserem Haus vorbeifuhren.»

Ziemlich genau das Gegenteil passierte in Basel. Nach getaner Arbeit gingen wir in den Ausgang und landeten im In-Lokal «Resslirytti». Dort trafen wir Mäni Weber, den ersten Schweizer Fernsehstar. Sofort rannten ein paar hübsche Teenies auf uns zu. Hugos Kamm schwoll. «Hello girls!» Doch die Mädchen scherten sich nicht um den Altmeister, sondern umschwärmten den zehn Jahre jüngeren Beau. Koblet bestellte ein Bier und sagte zu Mäni: «Jetz bisch e halt du.» Ich dachte nach Hugos Freitod oft an diesen Abend in der «Resslirytti». Koblet hat den Schritt ins zweite Glied nie ganz verschmerzt. Selbst eine kostspielige Haarimplantation des von Eitelkeit nicht völlig verschonten Bäckermeisterssohns konnte weder die drohende Halbglatze verhindern noch die Jugend zurückbringen. Gleichzeitig mit den Locken entschwand allmählich auch das einst im Schweisse seines Angesichts verdiente Geld. Der freigebige Publikumsliebling hatte zu viele so genannte «gute Freunde». Sie tankten oft gratis an seinen Agip-Zapfsäulen in Oerlikon und Höngg. Und sie missbrauchten den guten Namen des Champions zu diversen Geschäften, zum Beispiel für das Koblet'sche Massageöl Quickfit. Die Gewinne gingen, salopp ausgedrückt, an Hugos so genannte Geschäftspartner, die Schulden berappte er selbst. Auch das ist Arbeitsteilung! Koblets kommerzielle Vertrauensseligkeit triumphierte bedauerlicherweise über seine Intelligenz. Sein beachtlicher IQ hörte beim Geld auf.

Auch das Steueramt bat Hugo, wie er zuweilen klagte, über Gebühr zur Kasse. Weil einige Schweizer Profirennfahrer der ersten Nachkriegsjahre ziemlich forsch am Fiskus vorbeipedalt waren, zogen die gewitzten Beamten im Zürcher Kaspar Escher-Haus die Bremsen an. Koblets Steuerkommissar las scheint's alle verfügbaren in- und ausländischen Sportzeitungen und war über jedes Hauseckenrennen im Bild, das sein «Klient» in irgendeinem französischen, belgischen, holländischen oder italienischen Dorf bestritten hatte.

Enorm viel besser als zum Geld schaute Hugo zu seiner von ihm verehrten Mutter. Sie hatte nach dem frühen Tod ihres Mannes die beiden Söhne allein durchbringen müssen. Das vergass ihr Jüngster nie. Er sorgte dafür, dass es Mama Koblet an nichts fehlte, und lud sie, wenn immer möglich, zu Rennen und Empfängen ein. Reihenfolge am Ziel nach getaner Arbeit: waschen, kämmen, Kuss für Mutter, Küsschen für die Ehrendamen, Blumen für die Mutter. Kamm und Schwamm gehörten zu Koblets Ausrüstung wie Ersatzreifen und Pumpe.

Der weisse Alfa Romeo

Hugo Koblet war eine begehrte Persönlichkeit. Er pflegte Kontakte zu Sportlern und Künstlern, zu Bankern und Industriellen, zu Filmstars und Habenichtsen, ohne sich jedoch mit Krethi und Plethi zu verbrüdern. Nach seinem dreijährigen Aufenthalt in Caracas, wo er sich offenbar nie sehr glücklich gefühlt hatte, arbeitete Koblet nebenberuflich fürs

PEDO
PEDO
VO

Die schwärzeste Stunde für Hugo Koblet und die Tour de Suisse: 1952, anlässlich der 6. Etappe von Crans nach Locarno, gibt Hugo Koblet am Fuss des Simplon auf, nachdem er vom Tour-Arzt zwei Tage zuvor «präpariert» worden war...

Der Autoliebhaber Hugo Koblet vor dem Zürcher Hallenstadion am Steuer seines legendären Studebakers.

Schweizer Radio. Das war damals eine Novität: ein ehemaliger Weltklasseathlet als Co-Kommentator. Der taktvolle, gescheite, rhetorisch begabte, mehrsprachige Analytiker lief auch auf diesem Gebiet zu Höchstform auf. Hugo kannte sich in allen Sparten des Radrennsports aus, keine Kombine blieb ihm verborgen, kaum ein Scharmützel entging seinem Scharfsinn. Doping, damals noch nicht verboten und in der Branche gang und gäbe, war für ihn alles andere als ein Buch mit sieben Siegeln: «Zuerst fährst du ‹sec› und verabscheust solches Zeug. Dann gibt dir der Masseur vor einem sehr wichtigen Rennen eine Amphetaminpille für alle Fälle. Du brauchst sie nicht und bringst sie am Abend zurück. Einmal, mehrmals. Eines Tages, beim noch wichtigeren Rennen, klopft der ‹Hammermann› an, und du probierst es mit der Pille, um den toten Punkt hinauszuschieben. Es klappt, du gewinnst. Doch der tote Punkt kommt wieder und wieder. Das Aufputschmittel, jetzt bereits etwas stärker, hilft erneut. Im Fachjargon nennt man's ‹frisieren›. So fängt's an und endet nicht selten im Schlamassel.»

Am 18. Juni 1952 ereignete sich ein solcher Schlamassel. Koblet hütete nach der Tour-de-Suisse-Etappe Adelboden–Monthey mit einer Nierenbeckenentzündung und 39 Grad Fieber das Bett und dachte an die Heimreise. Doch SRB-Präsident und Tour-Chef Carl Senn wollte keinesfalls auf sein Aushängeschild verzichten. Er schickte den mit einer Spritze ausgerüsteten Tour-Medizinmann zum Patienten mit dem Auftrag: «Koblet fit machen, à tout prix.» Der Medikus tat, wie befohlen. Auftrag erfüllt! Senns Wunsch ging in Erfüllung.

Koblet nahm anderntags das 81-Kilometer-Zeitfahren Monthey–Crans unter die Räder ... und geriet bald selbst darunter. Das ist eine traurige Geschichte. Der auf der Ebene gut im Rennen liegende Tour-Favorit verlor auf den letzten steilen Kilometern Minute um Minute und torkelte als körperliches Wrack ins Ziel, mehr als neun Minuten hinter Sieger Pasquale Fornara. Die nächste Etappe endete im Mannschaftswagen, die übernächste bei Koblets Freund und Hausarzt Dr. Eugen Rupf in Zürich. Dieser fand kein gutes Wort für «die Rosskur à tout prix», diagnostizierte einen Herzfehler und prophezeite, das Gift von Monthey werde Koblet zehn Jahre seines Lebens kosten.

Diese Voraussage lässt sich leider nicht mehr überprüfen. Hugo verliess uns vorzeitig. Die letzte Radioreportage führte uns 1964 an die Radweltmeisterschaft nach Frankreich – Strassenrennen im savoyischen Sallanches, Bahnwettbewerbe in Paris. Vor der Hauptpost in Genf parkierte Hugo seinen weissen Alfa Romeo und mich im Café vis-à-vis. Eine Viertelstunde verging, eine halbe Stunde ... Dann endlich kreuzte Hugo auf, zeigte mir einige grüne Postbelege und sagte gut gelaunt: «So, jetzt habe ich alles bezahlt, jetzt bin ich meine Schulden los.»

Die gute Laune hielt an, die Reise ging weiter: Genf, Sallanches, Paris, Zürich. Vor meiner Haustür an der Kornhausstrasse 47 verabschiedeten wir uns. «Ciao Hugo!» – «Ciao Sepp!» Ich flog an die Olympischen Spiele nach Tokio, Hugo fuhr Richtung Mönchaltorf. Dort stand ein Baum, dort endete Koblets Reise. Der Baum war stärker als der weisse Alfa Romeo. Unser Wiedersehen fand nie statt. Manchmal legte ich einen Blumenstrauss unter den Baum. Inzwischen steht auch der Baum nicht mehr. Gefällt.

38
FREJUS
Superga
55

«

Giro d'Italia – der überraschende Erfolg

Martin Born

Learco Guerra engagiert Schweizer Fahrer

Man nannte ihn die «menschliche Lokomotive». Learco Guerra, der bullige Roller aus Modena, wurde 1931 in Kopenhagen Weltmeister. Es war das einzige Mal, dass der Titel in einem Zeitfahren vergeben wurde. 1933 legte Guerra die 285 Kilometer zwischen Mailand und San Remo als Sieger der «Classicissima» mit dem Rekordstundenmittel von 36,5 km/h zurück. In der Generation vor Gino Bartali und Fausto Coppi war er der grosse Rivale von Alfredo Binda. Das Volk liebte den beherzten Kämpfer und zog ihn dem kühlen Varesiner vor. Auf dem Rad glich er eher Kübler als Koblet. Doch daneben war er einer, der sich nicht aus der Ruhe bringen liess.

Seine Karriere beendete er 1945 als 40-Jähriger mit dem Gewinn der italienischen Stehermeisterschaft. Danach baute er eine eigene Velomarke auf.

Fünf Jahre später sitzt er auf der Terrasse des Ferienhäuschens von Göpf Weilenmann am Monte Brè und blickt auf den Luganersee. Es ist ein strahlender Frühlingstag. Neben dem Tour-de-Suisse-Sieger von 1949 und dessen Bruder Leo hat auch Hugo Koblet am Tisch Platz genommen. Der hat von Gino Bartali, den er angefragt hat, einen Korb erhalten. Der «Alte» wollte keinen Fahrer im Team haben, dessen Referenzen vor allem von der Bahn stammten und der in der letzten Saison wegen einer Verletzung ausgefallen war. Als «unverzeihlichen Fehler» wird Bartali dies später bezeichnen.

Guerra hat die Verträge für den Giro d'Italia bei sich, den sich die Veranstalter im «Anno Santo», im Heiligen Jahr, endlich etwas internationaler wünschten. Deshalb, so vermutet Göpf Weilenmann, habe man Guerra für die Verpflichtung von Ausländern auch finanziell unterstützt.

Guerra fragt die drei Schweizer, welche Ziele sie sich für ihren ersten Giro gesetzt hätten. «Ich werde helfen», sagt Leo, der in seiner Karriere selten etwas anderes getan hat, «ich fahre für jeden in der Mannschaft, egal ob Italiener, Belgier, Franzose oder Schweizer. Doch einen Wunsch habe ich: Ich möchte die Etappe von Locarno gewinnen.» Als Nächster ist Hugo an der Reihe. «Ich glaube nicht, dass ich auf die Gesamtwertung werde fahren können», sagt er, «dazu fehlt mir die Erfahrung. Aber ich werde versuchen, die eine oder andere Etappe zu gewinnen.» Göpf weiss nicht recht, was er sagen soll. Er kennt seine Stärken, aber auch seine Schwächen. Und er wartet, bis Koblet für ihn spricht: «Er hat die Tour de Suisse gewonnen und kann beim Giro unter die ersten fünf kommen.» Guerra schmunzelt und sagt: «Wenn ihr auch nur eines dieser Ziele erreicht, bin ich mehr als zufrieden.» Sie gefallen ihm, die drei Schweizer.

Eigentlich hätte Hugo Koblet schon 1949 den Giro bestreiten wollen. Doch es sollte nicht sein. 1949 wurde für ihn zu einem schrecklichen Jahr.

Den Winter hatte er zusammen mit Walter Diggelmann in den USA verbracht, und als europäische Exoten, die man «Uhrmacher» nannte, hatten die beiden die Sixdays von Chicago und New York gewonnen. Als Hugo im März von diesem Abenteuer zurückkehrte, war er ziemlich ausgelaugt. Ausserdem litt er noch immer an den Folgen eines schweren Sturzes in Buffalo.

Beim Eröffnungsrennen auf der Rennbahn Oerlikon stürzte er erneut. Drei Wochen Pause waren die Folge und der Traum vom Giro verflogen. Am erneuten Gewinn der Schweizer Verfolgungsmeisterschaft konnte ihn das allerdings nicht hindern. Am Tag danach wurde er auf dem Paradeplatz in Zürich von einem Auto angefahren. Erneut musste er das Training unterbrechen.

Für die Tour de Romandie reichte es trotzdem noch. Koblet gewann in Payerne die vierte Etappe und verhalf seinen Teamkollegen Charly Guyot, Jean Brun und Hans Nötzli zum Sieg in der Mannschaftswertung. Louis Jan, der Patron von Cilo, seiner neuen Mannschaft, konnte zufrieden sein. Für den Lausanner Fahrrad-Fabrikanten, für den bis 1947 auch Kübler fuhr, war die Tour de Romandie das Heimrennen. Koblet hatte von Tebag, der neuen Mannschaft Ferdy Küblers, zu Cilo gewechselt. Nicht wegen Ferdy hatte er sich dort nicht mehr wohl gefühlt, sondern wegen Direktor Fritz Dietsche. Dem Moralapostel hatte nicht gefallen, dass Koblet das Leben genoss und mit dem Auto in der Gegend herumfuhr. «Ein Rennfahrer braucht kein Auto», sagte er. Das kam nicht gut an beim Autonarren Hugo.

In der Westschweiz deutete Koblet an, dass doch noch mit ihm zu rechnen sein könnte. Er fuhr ins den Tessin, um sich auf die Tour de Suisse vorzubereiten. In der Nähe von Bellinzona wurde er von einem Motorrad angefahren. Als die Tour de Suisse zwei Wochen später das Tessin besuchte, grüsste Hugo vom Strassenrand aus – mit Gipsbein. Die Saison 1949 war für ihn zu Ende, bevor sie richtig begonnen hatte.

Die lange Sommerpause machte Koblet im Winter danach umso stärker. Zusammen mit seinem neuen Partner Armin von Büren eroberte er Europas Winterbahnen und rüttelte bei den Sechstagerennen von Antwerpen und Paris am Thron der «unbesiegbaren» Gerrit Schulte und Gerard Peters. Und wieder war es Ende März, als er den rauchigen Hallen entkam.

Das sind keine optimalen Voraussetzungen für eine grosse Saison auf der Strasse. Doch Koblet lässt sich nicht beunruhigen. Nach Abschluss der Sechstage-Saison fährt er zuerst einmal in die Skiferien nach Davos, um die Lungen zu lüften. Erst danach, sechs Wochen vor dem Start zum Giro, beginnt an der italienischen Riviera sein Strassentraining. Er überfordert sich nicht. 1700 Kilometer wird er bis zum Giro-Start abgespult haben, einen grossen Teil davon in Rennen.

Eines davon ist Mailand–Vicenza, ein flaches Eintagesrennen in Italien. Guerra bietet Koblet auf, um seine Form zu überprüfen. Ausserdem ist es für diesen eine gute Gelegenheit, sich mit dem neuen Übersetzungswechsel anzufreunden. Eine gute Idee: Koblet bekundet im ultraschnellen Rennen grosse Mühe mit dem neuen Material und liegt bald drei Minuten zurück. Das Feld jagt dem Ziel entgegen, doch Koblet gibt nicht auf. Im Stil eines Verfolgers nähert er sich dem Feld wieder und holt es schliesslich ein. Am Abend erfahren Koblet und Guerra, dass die Jury ihn bestraft hat. Begründung: Bei diesem hohen Rhythmus sei es nicht möglich, dass einer ohne verbotene fremde Hilfe einen solchen Rückstand habe aufholen können …

Der letzte Test ist die Tour de Romandie, das Rennen, in dem die Rivalität zwischen Hugo Koblet und Ferdy Kübler zu lodern beginnt.

Das Cilo-Team beherrscht die Rundfahrt in der Heimat vom ersten Meter an. Zusammen mit dem Italiener Angelo Menon entweichen Hugo Koblet und Teamkollege Jean Brun dem Feld schon in der ersten Halbetappe von Genf nach Vevey. 2:10 Minuten beträgt der Vorsprung am Ziel. Koblet überlässt Brun den Etappensieg, holt sich dafür am Nachmittag auf der Fahrt nach Siders das grüne Leadertrikot, das er an den Tagen danach in den schweren Jura-Etappen souverän, und ohne seine Teamkollegen als Helfer zu beanspruchen, verteidigt. Vor der letzten Etappe scheint alles klar: In Vallorbe führt Koblet zwei Minuten vor dem Franzosen Edouard Fachleitner. Kübler und Jean Robic, der Tour-de-France-Sieger von 1947, liegen schon acht Minuten zurück. Die Fahrt nach Genf kündigt sich als Triumphzug an.

Doch es kommt anders. Die edlen weissen Seidencollés, die Koblets Mechaniker aufgezogen haben, erweisen sich für die rauen Jura-Strassen als ungeeignet. Schon nach wenigen Kilometern hat Koblet platt. Dann ein zweites Mal. Für die Gegner ist es das Signal zum Angriff. Fachleitner wittert seine Chance und wird dabei vor allem von Ferdy Kübler unterstützt. Was keiner weiss: Kübler hat Koblet am Morgen angeboten, für ihn zu fahren, gegen Entschädigung natürlich. 500 Franken schienen Ferdy angemessen. Ein Profi muss, auch wenn er nicht gewinnt, ans Geldverdienen denken. «Ferdynand, ich habe das nicht nötig», antwortete Koblet.

So kommt es zwischen Vallorbe und Genf zu einer wilden Jagd. Das Trio Kübler, Piot, Fachleitner lässt sich von Koblet, der, zuerst von Brun und Fritz Schär (aus dem Mondia-Team) unterstützt, bald allein auf sich gestellt ist, nicht mehr einholen. Kübler wird mit dem Etappensieg belohnt, Fachleitner gewinnt die Rundfahrt mit 55 Sekunden Vorsprung auf Koblet. Am Ziel in Genf will Jean Brun Kübler verprügeln. Der «Sport» feiert Koblet als «moralischen Sieger», ein Teil der Presse fällt über Kübler her.

Vorangehende Doppelseite: Bei seinem Giro-Sieg 1950 muss Hugo Koblet die «Maglia rosa» nicht nur auf dem Rennrad verteidigen.

Die Vertragsunterzeichnung zwischen Learco Guerra und Hugo Koblet für den Giro d'Italia 1950 ist der Beginn einer erfolgreichen Partnerschaft.

Beim Giro d'Italia 1952 fahren die Schweizer in drei verschiedenen Mannschaften: von links Emilio Croci-Torti (Frejus), Fritz Schär (Arbos), Hugo Koblet (Guerra) und Ferdy Kübler (Frejus).

Hugo Koblet vor dem Start in Mailand zum 34. Giro d'Italia, den er als Gesamtsechster beendet, 6:05 Minuten hinter dem Sieger Fiorenzo Magni.

«Maglia rosa». Wenigstens ist jetzt klar, wer im Team von Learco Guerra der Leader ist. Koblet kann die Helferangebote seiner Teamkollegen nicht mehr abwimmeln.

Noch nehmen Coppi und Bartali den eleganten Schweizer, den die «Gazzetta dello Sport» als «il più bel pedalatore» und «campione di stile» feiert, nicht richtig ernst. Und Koblet weiss selber nicht so recht, was er von sich halten soll. Die Fahrt von Vicenza nach Bozen führt über Rolle, Pordoi und Grödnerjoch, drei grosse Dolomitenpässe, etwas, was er nur aus «Leos Erzählungen» kennt. Leo Amberg, der Tour-de-France-Dritte von 1937, war sein grosser Lehrmeister. Ihm konnte er stundenlang zuhören, wenn er von den Strapazen der grossen Rundfahrten erzählte. Nun fühlt sich Hugo Koblet wie ein Abenteurer, der Neuland entdeckt. Doch weil er dabei das Gefühl hat, alles gewinnen und nichts verlieren zu können, schläft er auch mit der «Maglia rosa» auf der Kommode gut.

Der 1. Juni 1950 wird zum Tag, der in die Geschichte des italienischen Radsports eingeht. Erwartet wird der grosse Angriff von Fausto Coppi. Doch es kommt anders. Das bummelnde Feld nähert sich Primolano. Coppi fährt im Feld, rechts neben Armando Peverelli. Seit seinem schweren Sturz in der letztjährigen Tour de France ist Peverelli auf dem rechten Auge blind. Und so kann er Coppi, der neben ihm fährt, nicht sehen. Bei einem Loch auf der Strasse weicht er nach rechts aus, die Räder berühren sich, Coppi stürzt und bleibt liegen. Er ist bleich wie ein Leintuch und jammert mit erstickter Stimme. Die Bemühungen von Giro-Direktor Ambrosini und Giro-Arzt Campi, die weniger an eine Verletzung als an einen Schock glauben, ihn wieder aufs Rad zu setzen, werden mit Schreien quittiert. Coppi wird ins Spital Santa Chiara von Trento gebracht, wo ein dreifacher Beckenbruch festgestellt wird.

Und so fehlt Coppi, der Titelverteidiger, als der Giro für die Favoriten wenige Kilometer später endlich losgeht. Jean Robic entfacht mit seinem Angriff am Rolle-Pass das Feuer. Koblet hat den Angriff erwartet und reagiert, indem er seinen Rhythmus langsam erhöht. Noch vor der Passhöhe holt er Robic ein, wenig später schaffen dies auch Bartali, Cecchi und Rosselli. Die Bonifikation holt sich Robic vor Koblet. Der fühlt sich erstmals in seiner Karriere als Bergfahrer.

Den Ruhetag in Locarno nutzen Gino Bartali, Hugo Koblet, Fritz Schär und Fausto Coppi zu einem Ausflug zur Madonna del Sasso.

Es ist nass, kalt und neblig auf 2000 Meter über Meer. Koblet zieht wollene Fausthandschuhe, die ihm seine Mutter gestrickt hat, aus der Trikottasche. Bartali, der erbärmlich friert, schaut ihm neidvoll zu.

Wenig später lacht Koblet nicht mehr. Schon zu Beginn der Abfahrt sitzt er auf einem platten Reifen. Kaum ist das Rad gewechselt, knallt es erneut, dann ein drittes Mal innerhalb von einer halben Stunde. Am Fuss des Passo Pordoi liegt die «Maglia rosa» vier Minuten hinter Bartali und Robic zurück. Eine Gruppe mit Schär und Kübler hat zu ihm aufgeschlossen. Der Giro droht zu kippen.

Doch Koblet gibt nicht auf. Die vier Minuten Vorsprung von Bartali und Robic schmelzen im harten Aufstieg dahin. Noch vor der Passhöhe holt Koblet die beiden Führenden ein. Kübler folgt nur knapp dahinter. Beim Kampf um die Zeitgutschrift wird Koblet zwei Längen hinter Robic Zweiter.

Noch bleibt das Grödnerjoch. Koblet spürt die Anstrengungen der Aufholjagd. Vor allem hat er wenig gegessen.

Hugo Koblet und Fausto Coppi sind zeitlebens gute Freunde. Coppi erleidet im Verlauf seiner Karriere viele schwere Verletzungen; am Giro d'Italia 1950 scheidet er nach einem fatalen Sturz mit einem dreifachen Beckenbruch aus.

Koblet besucht den Pechvogel während des zweiten Ruhetages im Spital von Trento.

Dafür muss er zwei Kilometer vor der Passhöhe büssen. Bartali und Robic ziehen wieder davon, Kübler überholt ihn. Doch die Abstände bleiben gering. Auf der Passhöhe fährt Guerra zu Koblet und sagt: «Jetzt kannst du diesen Giro sogar gewinnen!» In der Abfahrt nach Ortisei, in der Bartali einen Defekt erleidet, kommt es zum Zusammenschluss. Endlich kommt Koblet dazu, seine Trikottaschen zu leeren. Er verzehrt alles, was ihm in die Finger kommt: Schinken, Zucker, Früchte, Törtchen. Robic dagegen ist am Ende. Er lernt den «Hammermann» kennen. Auf der Aschenbahn von Bozen kommt es zum Spurt zwischen Bartali, Kübler und Koblet. Koblet irrt sich in der Rundenzahl, Bartali profitiert. Die Blumen, die er als Etappensieger erhält, bringt er noch am gleichen Abend Coppi ans Spitalbett. «Ich bin schon 36», sagt er ihm, «du musst also schnell gesund werden, wenn wir uns wieder duellieren wollen.»

Koblet fährt erst am Tag danach, am zweiten Ruhetag, zu Coppi nach Trento. Giro-Direktor Ambrosini und Guerra begleiten ihn. Als die drei das Zimmer schon verlassen haben, muss Koblet noch einmal umkehren. Ein Fotograf ist gerade noch rechtzeitig eingetroffen, um das Bild des Tages zu schiessen.

Am Nachmittag trommelt Guerra seine Fahrer zusammen. Er sagt, was sie längst wissen und wonach sie längst handeln: «Ihr habt gesehen, dass Hugo hier mit den Besten mithalten kann. Ihr könnt ihm vertrauen. Es ist selbstverständlich, dass sich jetzt alle in seinen Dienst stellen. Ihr tut das ja in eurem eigenen Interesse.»

Um 5:42 Minuten liegt Hugo Koblet nach der ersten Hälfte des Giro vor Gino Bartali. Die Dolomiten, vor denen er sich so gefürchtet hat, sind passiert. Doch noch bleiben auf dem Weg nach Rom neun lange Tage. Alle im Team wissen, dass sie ab sofort einer italienischen Übermacht gegenüberstehen werden.

Koblet fürchtet sich vor allem vor einem Sturz. Das Bild von Fausto Coppi, der zusammengekauert am Boden liegt, lässt sich nicht so leicht verdrängen. Bei Guerra wachsen von Tag zu Tag andere Bedenken. Schon seit Beginn des Giro achtet er genau darauf, was Koblet isst. Hors d'œuvres, die Hugo so mag, sind tabu.

Jetzt fürchtet sich Guerra vor einer «Mafia», die es auf seine junge Marke abgesehen haben soll. Er beobachtet gegnerische Pfleger, die sich bedrohlich der Hotelküche nähern. Das zwingt zu ungewöhnlichen Massnahmen. Und so isst Koblet nie aus dem Teller, der für ihn bestimmt ist. Er schläft auch nie im Zimmer, das auf der Liste steht. Deshalb werden andere Fahrer von fürchterlichen Koliken geplagt. Für Koblet ist auch klar, dass er auf der Strecke nie aus einem Bidon oder einer Flasche trinken darf, die ihm von Zuschauern gereicht werden. Wenn er sie annimmt, dann nur, um sich den Inhalt zur Kühlung über den Kopf zu leeren. Was sich erst dann einmal als schlechte Idee erweist, als er sich mit Kaffee duscht.

Die zweite Hälfte des Giro wird trotz fehlender topografischer Schwierigkeiten nicht zur Formalität. Auf dem Weg nach Mailand stürzt Koblet erneut und prellt sich dabei zwei Rippen. Dank perfekter Teamarbeit bleibt der Zwischenfall ohne Folgen, auch wenn das Atmen in den Tagen danach schwer fällt.

In Mailand erhält Koblet Besuch. Die Herren Senn und Stampfli, die Spitzen des SRB, bringen Blumen und beste

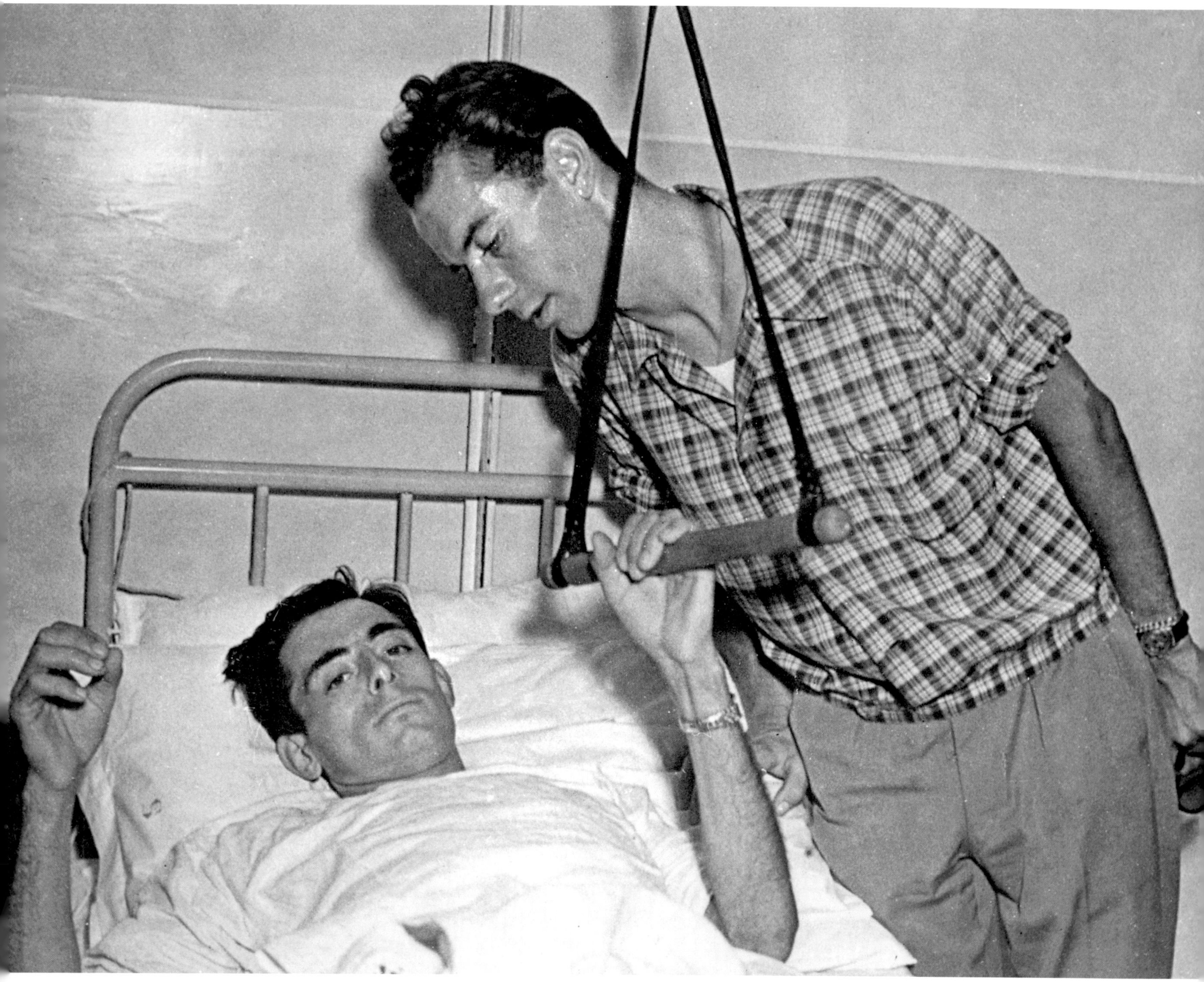

Dank seiner Fahrweise und seiner Ausstrahlung wird Hugo Koblet in Italien von Tag zu Tag populärer...

Wünsche, Bruder Adolf frische Patisserie. Das ist das beste Doping. Pillen und Spritzen braucht Koblet nicht.

Koblet meistert den Stress in Rosa ohne Probleme. Er gibt den Journalisten, die sein Zimmer belagern, geduldig Auskunft, und er sorgt dafür, dass in seinem Team nie einer zu kurz kommt. Er schätzt die Arbeit seiner Helfer, die in Restaurants Wasser und andere Getränke für ihn holen, die ihm das Rad geben, wenn er Defekt hat, und ihre Collés selber wechseln müssen, weil der Begleitwagen Guerras immer bei Koblet bleibt. Deshalb wimmelt Koblet jeden Bewunderer ab, der ihm eines der begehrten Trikots – die er selbst «Übergwändli» nennt– abluchsen will. Für ihn ist klar: Erst wenn jeder in der Mannschaft, auch der Pfleger und der Mechaniker, eines hat, wird nach auswärts verschenkt.

Auf der Fahrt in den Süden wird es immer heisser – und Koblet immer sicherer. Der Franzose Lazaridès hat nun gar den Eindruck, Koblet könnte auch dann gewinnen, wenn man ihm ein Bein an den Rahmen bände. Wenn der Leader angegriffen wird, fährt er nicht nur mit, sondern kontert. So vergeht den Gegnern die Lust. In der zwölften Etappe, die in Rimini endet, wagt es Bartali noch einmal. Unterstützt von drei seiner Helfer greift er an. Koblet spurtet ihnen nach, schliesst aber nicht ganz auf. Als er sich erholt hat, tritt er erneut an, fährt am Quartett vorbei und hält die vereint kämpfenden Verfolger einen Kilometer lang auf Distanz.

Das ist ein Dämpfer, den der grosse Gino nur schwer verdaut. Als am Tag danach Koblet schon im steilen Aufstieg nach San Marino seine Beine etwas lockert, hält Bartali nicht mehr mit. Koblet fährt zu, um sich die Bonus-Minute der «fliegenden Etappe von Forli» zu sichern. Bartali liegt drei Minuten zurück. Er sei beim Wasserholen gestürzt, wird gemeldet. Das heisst auch: Er hat keinen seiner Helfer mehr dabei. Weil das Ziel noch zu weit entfernt ist, sich vorne eine 30-köpfige Spitzengruppe bildet und der Muraglione-Pass noch wartet, kann Bartali aber wieder aufschliessen. Dann greift Koblet noch einmal an. Spielend fährt er allen davon. Doch weil noch immer hundert Kilometer fehlen bis ins Ziel, lässt er sich wieder einholen. Der Versuch, Fritz Schär, der für ihn «so wertvoll ist wie ein Markengefährte», zum Etappensieg zu verhelfen, scheitert.

Doch der kleine Zürcher holt das am Tag darauf in Perugia nach, ohne Koblets Hilfe, der mit sich selber genug zu tun hat. Hugo leidet an einem Furunkel, der am Morgen mit Penicillin behandelt worden ist. Und er unterschätzt Bartali am Mandrioli-Pass. Dort will er Kübler zum Minuten-Bonus verhelfen, doch dann spurtet der «Alte» an den beiden Schweizern vorbei.

Am letzten Ruhetag in Perugia wird Koblet langsam klar, welche Wellen seine Leistung in der Schweiz wirft. Telegramme, Briefe und Postkarten häufen sich. Koblet versucht, ruhig zu bleiben und sich zu entspannen. Während Göpf Weilenmann auch am Ruhetag eine Ausfahrt braucht, bleibt Hugo möglichst lange im Schutz des Hotels. Sein Begleiter ist ein Reiseradio, das er als Prämie gewonnen hat. Die Musik hilft ihm.

Auch in Italien ist Koblet inzwischen populär. Das liegt an seiner Freundlichkeit, die alle tief beeindruckt, aber vielleicht auch daran, dass er auch oder vor allem dann anders ist als alle andern, wenn er die Ziellinie überquert hat. Dann verlangt er Wasser, wäscht und kämmt sich. Nicht Eitelkeit sei es, sagt er. «Aber wenn ich jedes Mal in der ‹Maglia rosa› eine Ehrenrunde fahren muss, so will ich mich doch als anständiger Bursche zeigen.» Deshalb benützt er den Ruhetag, um einen Barbiere aufzusuchen. Zwei Polizisten schützen ihn auf dem Weg dorthin vor den Fans und bewachen den Salon, als er drinnen auf dem Stuhl sitzt. Während Gino Bartali in einem Interview mit Radio Monte Ceneri schon von der Revanche spricht, die er in der Tour de Suisse nehmen will, traut Koblet der Situation noch immer nicht. Er fürchtet sich vor Stürzen und Defekten – und nach wie vor auch vor dem monumentalen Kampfgeist Bartalis.

Wie Recht er hat, zeigt sich in den nächsten Tagen auf der Fahrt in den immer heisseren Süden. Von Perugia nach L'Aquila in der 15. und von dort nach Campobasso in der 16. Etappe. Eine wilde Gegend mit vielen Aufstiegen und gefährlichen Abfahrten, eine Gegend, die Bartali kennt. Im Süden werden die Strassen immer schlechter, der Staub wird zum ewigen Begleiter, die Begleitautos, in denen sich jeder als kleiner Ascari fühlt, zur ständigen Gefahr.

Es sind die beiden letzten Bergetappen des Giro, und trotz eines Defektes beim Macerone-Pass übersteht sie Koblet souverän. Die Presse feiert ihn schon jetzt als Giro-Sieger. Schliesslich bleiben nur noch zwei Flachetappen, eine Formalität also.

Grosser Empfang für Hugo Koblet in seiner Geburtsstadt Zürich. Im offenen Delahaye lässt sich der Giro-Sieger durch die Bahnhofstrasse fahren, und Tausende jubeln ihm zu.

ihr Bartali auf die Finger, so dass sie loslassen muss. Sogleich wird sie unter andern Tifosi, die dem Wagen nachrennen, begraben. Die Schweizer befürchten das Schlimmste. Doch die immer gleichen Gino-Gino-Gino-Rufe, die nicht verstummen, beruhigen sie.

Am Tag danach soll auf der Vigorelli-Rennbahn in Mailand eine erste Giro-Revanche stattfinden, die aber durch starken Regen verunmöglicht wird. Das erfahren die Tessiner, die ohnehin nicht mehr länger auf ihre Helden warten wollen. Also schicken sie ein Auto zur Rennbahn und holen sie ab. In Chiasso wird ein Ad-hoc-Empfang organisiert. Musikanten werden aus ihren Betten geklopft. Der Anblick eines Bläsers, unter dessen Uniform noch die Pyjamahose hervorschaut, rührt Hugo Koblet besonders. Die Nacht verbringen die Fahrer in Lugano, dann fahren sie zurück, um mit dem Zug nochmals «offiziell» in Chiasso einzufahren und empfangen zu werden. Der erste Schweizer Giro-Sieger wird mit Geschenken überhäuft. Die schönsten Mädchen drängen sich zu ihm. Doch Hugos Blick schweift zu einer andern, die etwas abseits steht. «Siehst du die dort?», sagt er zu Göpf Weilenmann. «Lass sie, sie ist nicht wirklich schön», antwortet der. Koblet tut das Gegenteil, geht auf die junge Frau zu, nimmt sie in die Arme und küsst sie. «Ich werde mich an dieser Stelle nie mehr waschen», sagt die Verblüffte.

Nach einem weiteren Halt in Lugano treffen die drei Schweizer endlich in Zürich ein, wo sie am Hauptbahnhof eine gewaltige Menschenmenge erwartet. Im offenen Wagen, einem Delahaye, wird der Giro-Sieger durch die Bahnhofstrasse gefahren. Neben ihm sitzt der SRB-Zentralpräsident Carl Senn.

«Egoisten schaffen sich keine Freunde. Aber ohne Freunde gibt es kein Leben.» Als Rennfahrer lebt Hugo Koblet nach diesem Grundsatz. Er sorgt sich nicht nur um seine Helfer, sondern um viele andere Kleine im Feld. Er lädt sie ein zum Essen, nimmt sie in seinem Studebaker mit an die Rennen, ermuntert sie, auszureissen, wenn eine Prämie ansteht, und sorgt dafür, dass im Feld nicht nachgejagt wird. Er verabscheut Kombinen der Grossen, wenn die Kleinen darunter leiden müssen.

1951: Der Giro d'Italia als Vorbereitung für die Tour de Suisse und die Tour de France

Hugo Koblet kann sich nur schwer mit dem abfinden, was in Italien passiert in den Jahren nach seinem Sieg. Dieser hat, so muss er feststellen, tiefe Wunden hinterlassen. «Warum», so fragt er sich, «werden die Italiener in der Ebene von ihren Domestiken und in den Pässen von den Tifosi gestossen, während man uns im Weg steht? Warum macht man uns über die Strecke die unterschiedlichsten und meist falschen Angaben? Warum lassen die Italiener den ‹eisernen Vorhang› herunter, wenn ein Prämiensprint ansteht, so dass es für einen Ausländer gar keine Chance gibt, irgendwo ein Loch zu finden? Warum jagen Italiener jeder Marke jedem Ausländer nach, der einen Angriff wagt?» – Und ist es Zufall, dass nach dem Zeitfahren von Terni in Koblets Hotel kein warmes Wasser fliesst?

Das kalte Bad hat Folgen. Koblet erkältet sich und verliert am Tag danach, zwischen Rom und Neapel, viel Zeit und wird zurückgeworfen. Ein schwerer Sturz in den Dolomiten wirft ihn endgültig aus der Entscheidung. Ferdy Kübler dagegen, im Vorjahr Sieger der Tour de France und nach seiner Demonstration in der Tour de Romandie – Siege in vier von fünf Etappen – als einer der grossen Favoriten gestartet, hat vor der letzten entscheidenden Bergetappe, die von Bozen nach St. Moritz führt, noch alle Chancen. Er liegt mit 2:36 Minuten Rückstand auf Fiorenzo Magni auf dem dritten Rang und freut sich auf die Fahrt ins Engadin, wo Gattin Rösli und Söhnchen André auf ihn warten.

Am Ofenpass sucht Kübler die Entscheidung. Seinem Tempo können nur Coppi, Bobet und Koblet folgen. Dahinter jagt Gino Bartali mit der «Maglia rosa» Fiorenzo Magni nach, dem am meisten gestossenen Fahrer im Feld. Nach der Abfahrt, in der Koblet wieder einmal einen Defekt beklagt, liegen Kübler, Coppi und Bobet 1:15 Minuten vor den Verfolgern. Würden die drei Champions zusammenspannen, könnte der Giro «kippen». Es droht ein erneuter Ausländersieg, und den gilt es, so vermutet Kübler, zu verhindern. Plötzlich taucht der Wagen von Rennleiter Ambrosini bei den drei Führenden auf. Ambrosini wechselt ein paar Worte mit Coppi und Bobet, worauf die beiden die Führung verweigern. So werden die drei Ausreisser wenig später gestellt.

Kunsthaus - Römerhof - Klusplatz
ZH·401

Schweizer Doppelsieg bei der zweitletzten Etappe des Giro d'Italia im Jahr 1951 von Bozen nach St. Moritz: Hugo Koblet trifft 4:40 Minuten vor Ferdy Kübler im berühmten Kurort ein. In der Gesamtwertung wird Ferdy Kübler Dritter, Hugo Koblet Sechster.

Küblers Pech ist Koblets Glück. Der Vorjahressieger greift in Zernez an und zeigt sich bei seinem Solo so unwiderstehlich, dass er St. Moritz mit 4:40 Minuten Vorsprung erreicht. Zumindest weiss er jetzt, dass seine Form stimmt. Das ist ein gutes Zeichen für die Tour de Suisse und für die Tour de France, die «Bergkur» hat ihm gut getan.

1952: Schlecht vorbereitet und nicht gesund

Nach seinem überlegenen Sieg in der Tour de France ist es nur logisch, dass Koblet auch im Giro 1952 als grosser Favorit startet. Doch der «Pédaleur de charme», wie er jetzt genannt wird, ist nicht in Form. Das süsse Leben im Winter hat ihm zugesetzt. Vielleicht war es ein Fehler, dass er am Ende der anstrengenden Saison mit Giro, Tour de Suisse und Tour de France die Einladung nach Mexiko – wo er als Ehrengast die Landesrundfahrt begleiten sollte – angenommen hat. Doch erstens faszinierte ihn das Land, und zweitens konnte er wie immer nicht Nein sagen. In Mexiko wurde er wie ein König empfangen, überall stiegen rauschende Feste, wenn er sich zeigte, die Frauenherzen flogen ihm wie überall zu.

Ein Fehler war es bestimmt, dass er sich überreden liess, wenigstens einmal im Verlauf der Rundfahrt sein Talent als Rennfahrer zu beweisen. So fuhr er in der Sierra Madre eine Etappe dem Feld voraus. Bei gleissender Hitze startete er eine halbe Stunde vor den Amateuren und war etwas mehr als eine halbe Stunde vor ihnen im Ziel, 30:35 Minuten, um genau zu sein. Möglich, dass er sich dabei überforderte, möglich auch, dass ihn das Leben eines Superstars mit all den Empfängen und Verpflichtungen in der High Society auslaugte. Und möglich auch, dass er, wie jetzt im Feld gemunkelt wird, aus Mexiko eine «ansteckende Krankheit» mit nach Hause gebracht hat – eine These, die Koblet später gegenüber Freunden bestätigen wird. Nur die stärksten Medikamente hätten dagegen geholfen.

So macht Koblet im Giro 1952 schon am dritten Tag schlapp. Eine Magenverstimmung mit Fieber wirft ihn vorzeitig aus der Entscheidung. Dank seiner Klasse beendet er das Zeitfahren von Como mit nur 15 Sekunden Rückstand auf Coppi als Zweiter. In der Endabrechnung wird er Achter, 14:38 Minuten hinter Coppi.

1953: Das legendäre Duell am Stilfserjoch mit Fausto Coppi

Ein Jahr später stellt sich ein Schweizer Team mit Koblet und Kübler der italienischen Herausforderung. Es ist eine Mischung aus Nationalmannschaft und Markenteams. Learco Guerra ist auch diesmal der Teamchef. In seiner Mannschaft befinden sich mit Kübler und Croci-Torti zwei Fahrer, die Räder des Konkurrenten Fiorello benützen, für den sie sonst die italienischen Rennen bestreiten. Dies ist eine explosive Konstellation, die noch dadurch verschärft wird, dass die Räder nicht den gleichen Leerlauf haben. Ein Materialtausch wäre so nicht möglich. Deshalb werden in der Nacht vor dem Start in Mailand die beiden Fiorello-Räder auf Guerra-Wechsel ummontiert. Und so kommt es, wie es kommen muss: Schon nach wenigen Kilometern steigt Kübler vom Rad und hantiert am Wechsel herum. Rolf Graf, sein hoffnungsvoller Schützling, bleibt bei ihm. Vom Materialwagen fehlt jede Spur. Es dauert lange, bis die Panne behoben ist. Und so fahren die beiden Schweizer hilflos hinter dem Feld her, ehe sie aufgeben. Wegen «ungerechtfertigter Aufgabe» wird Kübler mit 100 000 Lire gebüsst. Seither ist das Verhältnis zwischen den beiden K getrübt. «Ich will dieses Theater nicht noch einmal erleben», sagt Koblet und besteht darauf, dass er nur dann die Tour de France bestreite, wenn Kübler zu Hause bleibe.

Küblers Aufgabe ist der Anfang eines ungewöhnlichen Giro d'Italia, in dem Koblet durch die Hölle geht, aber dazwischen auch immer wieder den Himmel sieht.

Die vierte Etappe führt von San Benedetto nach Roccaraso. Das Tempo ist hoch, und wie meist in solchen Fällen ist Koblet dafür verantwortlich. Er liebt es, heftig in die Pedalen zu treten und seine Gegner leiden zu sehen. Erst als sich das Feld der Verpflegung nähert, geht die Jagd, für die es keinen Grund gibt, zu Ende. Man scheint sich einig: Es soll in aller Ruhe gegessen werden. Doch wie so oft bei solchen Gelegenheiten hält sich einer nicht daran. Der Italiener Vittorio Rossello packt die «Musette» und sprintet davon. Koblet, der aus gutem Grund keinem Italiener traut, reagiert als Erster. Als Rossello das Essen in seinen Trikottaschen verstaut hat, wirft er den Sack weg. Ein Kind rennt auf die Strasse, um sich die Trophäe zu ergattern, der mit Tempo 50 dahersprintende Koblet kann nicht ausweichen, fliegt hoch durch die Luft und bleibt regungslos liegen.

Hugo Koblet und Ferdy Kübler am Giro d'Italia 1952; Fritz Schär erzielt den einzigen Schweizer Etappensieg in der längsten Etappe über 298 Kilometer von St-Vincent nach Verbania. Ferdy Kübler wird wie im Vorjahr Gesamtdritter, Hugo Koblet Achter. In der Mitte – von Koblet verdeckt – Gino Bartali, der Giro-Sieger von 1936, 1937 und 1946, wird in diesem von Fausto Coppi gewonnenen Giro d'Italia Gesamtfünfter.

43
FIORELLI

Während der Hitzeetappen wird der Kopf mit Mineralwasser gekühlt, wie hier nach dem Ziel – unterwegs war es gar einmal heisser Kaffee …

Im Giro 1953 muss Hugo Koblet den Collé nicht mehr selbst aufziehen; der Mechaniker des Guerra-Teams hat ihm das Hinterrad gewechselt.

In der 4. und der 6. Etappe des Giro 1953 ist Hugo Koblet gestürzt. Wie soll es weitergehen? Diskussion mit seinem Sportlichen Leiter Learco Guerra.

Koblet erzielt beim Einzelzeitfahren in der 8. Etappe einen grossen Sieg und wird Träger der «Maglia rosa».

LaGazzetta dello Sport

Rechte Seite: Die 19. Etappe von Auronzo nach Bozen bringt die endgültige Entscheidung im Giro 1953. Am Stilfserjoch muss Hugo Koblet 9 Kilometer vor der Passhöhe Fausto Coppi ziehen lassen.

Am nächsten Tag fährt der Italiener im begehrten Leadertrikot und zieht in Mailand als Sieger ein.

Der Giro d'Italia 1954 beginnt mit einem Mannschaftszeitfahren in Palermo, das vom Bianchi-Team von Fausto Coppi vor den Schweizern mit Hugo Koblet, Carlo Clerici und Emilo Croci-Torti gewonnen wird.

beste Methode, um Fausto Coppi sofort in Rosa einkleiden zu können. Erstmals sind TV-Kameras bei einem Giro dabei. Das Bianchi-Team erfüllt die Erwartungen, die Schweizer werden aber nur um etwas mehr als eine Minute geschlagen.

Koblet ist mit dem Ergebnis zufrieden. Und er hat einen Plan. «Bei diesem Zeitfahren haben die Bianchi-Leute alles gegeben», erklärt er seinen Leuten, «das Einzige, was sie jetzt wollen, ist ein ruhiger Tag. Sie sind seit drei Wochen keine Rennen mehr gefahren, wir dagegen haben uns eingerollt. Deshalb müssen wir schon jetzt angreifen.»

Der Plan wird umgesetzt. In Taormina gewinnt zwar der Italiener Giuseppe Minardi nach einer langen Flucht die Etappe, doch die Schweizer, die Coppi mit ihrem Angriff überrumpeln, bringen ihre vier besten Fahrer unter die ersten zehn. Und der Campionissimo verliert fast fünf Minuten auf die entfesselten Schweizer. Was die Schweizer nicht wissen: Coppi hat private Probleme. Abends hängt er stundenlang am Telefon mit seiner Frau, die ihn auffordert, sofort nach Hause zu kommen. Der Grund dafür ist Giulia Occhini, die mysteriöse «Dama bianca», mit der sich Coppi jetzt auch in der Öffentlichkei zeigt.

An den Tagen danach, auf dem Weg nach Neapel, gewähren sich die Schweizer etwas Ruhe. Weil sich auch die Italiener solche gönnen und Coppi weiterhin lethargisch bleibt, geniessen Aussenseiter ihre Freiheit. Der Holländer Gerrit Voorting holt zwischen Bari und Neapel mit einer Aussenseitergruppe 20 Minuten Vorsprung heraus und wird neuer Leader.

In diesen ersten Tagen amüsiert sich Koblet köstlich. Er hat längst bemerkt, dass er stets einen Bianchi-Domestiken neben sich hat, der jede seiner Bewegungen registriert. Putzt er sich den Schweiss ab, meldet dieser Coppi sofort: «Fausto, Koblet è stanco.» Zupft er sich die Hosen zurecht, lautet die Diagnose: Furunkel. Koblet verwickelt die Helfer in Gespräche und erzählt ihnen die wildesten Geschichten. Er habe Coppi den Giro abgekauft, erklärt er. Er narrt sie mit Scheinangriffen, und wenn sie nicht aufpassen, versteckt er sich hinter einem Begleitfahrzeug. Um die Italiener zu ärgern, zieht er bei den «fliegenden Etappen» dem Belgier Rik van Steenbergen immer wieder den Spurt an. Als Gegenleistung bittet er ihn, ihn beim «Plan Clerici» zu unterstützen.

Selber angreifen, das weiss Koblet, kann er nicht. Ihm jagen gleich alle nach. Aber auch einen Clerici lassen die Italiener nicht einfach ziehen. Also muss der Angriff getarnt werden. Van Steenbergen soll den Köder legen. Einer seiner Helfer, so Koblet, soll angreifen. Dann könne Clerici das tun, was man von einem Helfer erwartet, und ihm nachfahren.

Peeters heisst der von van Steenbergen Auserwählte. Mit ihm reissen auf dem langen Weg nach Aquila in den Abruzzen auch einige der «kleinen» Italiener aus. Metzger folgt ihnen, später schliesst auch Clerici zu den Flüchtlingen auf. Koblet und Schär, die beiden gefürchteten Schweizer, bleiben brav im Feld, was Coppi und seine Helfer beruhigt. Nach 170 Kilometern liegt die Spitzengruppe um eine Viertelstunde voraus. Clerici ist «virtueller» Leader. «Soll ich ihn bremsen?», fragt Teamchef Learco Guerra Koblet, als er von seinem Abstecher zu Clerici und Metzger zurückgekehrt ist und den Abstand meldet. «Es ist gut so», antwortet ihm Koblet und staunt, wie Coppi seinen Freund Carlo an der Spitze gewähren lässt. Als das Feld in Aquila ankommt, wird es erbar-

mungslos ausgepfiffen. «Die andern sind schon schlafen gegangen», ruft ein erzürnter Tifoso. Er hat nach Clericis Zieldurchfahrt – der Zürcher, von Metzger tatkräftig unterstützt, hat es zusammen mit dem Italiener Assirelli erreicht – 34 Minuten auf seine Helden warten müssen.

Das Gesamtklassement ist auf den Kopf gestellt. Clerici hat eine Viertelstunde Vorsprung auf seinen Fluchtgefährten Assirelli und den entthronten Leader Voorting, die Favoriten liegen eine halbe Stunde und mehr zurück. «Was meinst du, wie lange werde ich das rosa Trikot tragen können?», fragt Clerici seinen Captain. «Wollen wir es nicht wenigstens morgen noch verteidigen oder vielleicht sogar zwei oder drei Tage?» Koblet, der diesen Giro gerne selber gewonnen hätte, lächelt nur. Er weiss im Gegensatz zu den meisten Italienern, wie gut Clerici die Berge hinauffährt und wie gut er sich auch im Kampf gegen die Uhr schlägt. Für ihn ist klar: Der Carlo bringt die «Maglia rosa» nach Mailand. Ihm soll es recht sein, denn für ihn geht es vor allem auch darum, das vierte Duell gegen den mittlerweile 35-jährigen Coppi zu gewinnen. Bartali ist keine Gefahr mehr. Er ist schon 40 und spürt die Jahre.

Pasquale Fornara, Koblets bester Freund unter den Italienern, denkt ähnlich. «Er gewinnt diesen Giro, wenn du für ihn fährst», sagt er zu Koblet, «was wirst du tun?» – «Abwarten und schauen, was ihr tut», antwortet Koblet. Magni sagt: «Wir werden Clerici schon morgen angreifen. Er muss doch erschöpft sein. Und du, Hugo, wirst mitmachen. Du kannst doch nicht einfach zusehen, wie dein Gregario den Giro gewinnt.» – «Das kann ich sehr gut», antwortet Koblet. «Ich werde jetzt Hinterrad fahren, so wie ihr das jahrelang getan habt, wenn ich Coppi angriff.»

Clerici hat eigentlich nur noch einen Gegner: sich selber. Er hat noch nie ein Leadertrikot getragen, weiss nicht, wie man es verteidigt, und ist äusserst nervös. Dadurch bringt er sich auch in Bedrängnis, vor allem, weil er jedem Ausreisser nachjagt und dann nicht mehr reagieren kann, wenn auch die Grossen zum Angriff blasen. Deshalb verliert er in Rom drei Minuten. Aber auch, weil er in der Aufregung die Verpflegung

Der überraschende Giro-Sieger Carlo Clerici (links) mit Rik van Steenbergen.

Die entscheidende Fluchtgruppe mit dem Etappensieger Carlo Clerici, an dessen Hinterrad Martin Metzger, dann der Belgier Edward Peeters, der Italiener Nino Assirelli und der Holländert Thjis Roks.

Der Schweizer Doppelsieg von Carlo Clerici und Hugo Koblet am Giro d'Italia 1954 findet auch in der französischen Fachpresse grosse Beachtung.

Die Schweizer Mannschaft am Start zum Giro d'Italia 1955 auf dem Domplatz von Mailand: von links Hans Schellenberg, Emilio Croci-Torti, Hugo Koblet, hinter ihm Carlo Clerici, Fausto Lurati und Remo Pianezzi, rechts Otto Meili. Bei seiner letzten Giro-Teilnahme gewinnt Hugo Koblet die letzte Etappe von San Pellegrino nach Mailand und wird Gesamtzehnter.

verpasst, was ihn zwei weitere Minuten kostet. Doch mit jedem Tag in Rosa wird der Zürcher sicherer. Vor den Dolomiten hat er 33 Minuten Vorsprung auf Coppi, der noch immer als gefährlichster Gegner betrachtet wird, danach noch 31, obwohl er in den Dolomiten noch einmal angriff. An diesem Tag, an dem Koblet wegen einer Fischvergiftung in den Steigungen nicht mithalten kann und froh sein muss, dass er in der Abfahrt jeweils wieder aufholen kann, erweist sich Clerici als würdiger Giro-Sieger. Coppi wird in Bozen zwar als Etappensieger gefeiert, Clerici verliert aber nur 1:52 Minuten.

In Bozen ist der Giro entschieden. Das Klassement ist in Stein gemeisselt. Keiner kann mehr etwas gewinnen. Coppi und Magni sind sauer, weil man Fahrer aus ihren Mannschaften aus dem Rennen genommen hat, die das Ziel am Vortag zwar nach Kontrollschluss erreicht haben, aber nur deshalb, weil ihnen nach zahlreichen Defekten die Ersatzcollés ausgegangen waren. Deshalb organisieren sie einen Streik. Die Schweizer haben nichts dagegen – «unter der Bedingung, dass wir die Etappe gewinnen». Die Folge ist die flauste Bergetappe in der Geschichte des Giro d'Italia. Das Feld bummelt geschlossen über Mendola, Tonale, Aprica. Und auch im langen Aufstieg zur Bernina passiert nichts. Einmal, als Coppi Defekt erleidet, greift Bartali an. Doch sogleich hat er die ganze Meute am Hinterrad. Jetzt begreift auch der «Alte», den Coppi und Magni nicht eingeweiht haben, was hier läuft. Er ist entsetzt. Und wird abends von seiner Frau beschimpft, die auf der Bernina-Passhöhe mehr als eine Stunde auf ihren Helden hat warten müssen.

Für Koblet kommt auf der Bernina noch einmal einer jener Augenblicke, in denen er sich eine Freude machen will. Wie schon zuvor beim Zeitfahren am Gardasee, als er das 42-Kilometer-Zeitfahren mit dem phänomenalen Stundenmittel von 45,679 km/h gewann und dabei nur um ein paar Meter unter Coppis Stunden-Weltrekord blieb. Koblet kennt jeden Meter der Bernina-Abfahrt und weiss, dass er hier nirgends bremsen muss. Nicht einmal der Fabrikwagen kann folgen. In St. Moritz hat Koblet zwei Minuten Vorsprung auf Bartali, der die Verfolger im Spurt schlägt. Seine Mutter ist begeistert.

1955: Sieg in der letzten Etappe bei der letzten Giro-Teilnahme

Im Jahr 1955, als er nur noch ein Schatten seiner selbst ist und in den Steigungen nicht mehr mit den Besten mithalten kann, gewinnt Hugo Koblet die Schlussetappe von San Pellegrino Terme nach Mailand auf der Vigorelli-Radrennbahn im Spurt vor dem Gesamtsieger Fiorenzo Magni.

Es ist ein schöner Abschied von dem Rennen, das er während fünf Jahren geprägt hat.

FAEMA
FAEMA
FAEMA
FAEMA
FAEMA

Walter Bucher und Jean Roth – die «roten Teufel», wie sie genannt wurden – waren die stärksten Gegner von Koblet/von Büren. Sie gewannen zusammen neun Sechstagerennen.

Hugo Koblet und Armin von Büren fahren im Oktober 1949 erstmals miteinander eine Américaine. Perfekte Ablösung bei einer Américaine im Zürcher Hallenstadion Anfang der Fünfzigerjahre, oben der Oerliker Walter Zehnder.

winnt Jean Roth zusammen mit Gustav Kilian das Sechstagerennen in Münster, im November des gleichen Jahres feiern Koblet/von Büren ihren ersten Sechstagesieg in Hannover. In den Jahren danach wird Sprintermeister Oscar Plattner, der mit immer neuen Partnern erfolgreich ist, zum festen Wert im Zirkus, und als Jean Roth mit dem Steher und Strassenfahrer Walter Bucher zusammenspannt, hat die Schweiz neben Koblet/von Büren ein zweites Paar der Weltklasse.

Im Winter 1952/53 gewinnen Roth/Bucher in Münster, Koblet/von Büren in Frankfurt und Plattner mit Achiel Bruneel in Antwerpen sowie mit Hans Preiskeit in Hannover. Zu Beginn der Wintersaison 1953/54 setzen sich Koblet/von Büren in Frankfurt durch, dann gewinnen Roth/Bucher drei Rennen in Serie, in Brüssel sind dann wieder die nationalen Rivalen an der Reihe. Es ist schon fast wie auf der Strasse. Nur dass Roth und Bucher die Rolle von Kübler als Koblets Gegenspieler übernehmen. Auch wenn Hugo Koblet wie überall mit allen auskommt und auch den Rivalen das Gepäck und die Velos in seinem Studebaker zu den Sixdays im Ausland fährt, ist es keine gespielte Rivalität. Das liegt vor allem an Jean Roth und Armin von Büren, die im Februar 1952 zusammen das Genter Sechstagerennen gewannen, danach aber immer mehr zu Feinden wurden. Der Höhepunkt wird ein Handgemenge auf der Bahn sein, bei dem Roth von Büren zwei Zähne herausschlägt.

Es ist die grosse Zeit der Sixdays. Der Kalender überquillt von Veranstaltungen. Es lässt sich gut verdienen in den Hallen: 3500 Franken für einen wie von Büren, 20 000 Franken für Ferdy Kübler, als er das Weltmeistertrikot trägt. Doch die Arbeit ist hart. Die Sechstagerennen, die in den Dreissigerjahren in den USA und Kanada ein blühendes Geschäft waren, haben Europa erobert und ziehen zu Beginn der Fünfzigerjahre die Zuschauer in Massen an. Die Attraktion heisst auch hier: Leiden, Leiden, Leiden. Die ursprüngliche Idee ist zwar aufgeweicht, doch am Prinzip wird festgehalten. Während der 145 Stunden des Rennens – der Start ist jeweils nachts auf zehn Uhr angesetzt, Ende ist sechs Tage später um elf – muss stets mindestens ein Fahrer pro Mannschaft auf der Bahn sein.

Zwischen sechs Uhr früh und zwölf Uhr mittags ist das Rennen neutralisiert. Da wird zwar weiter gekreist, doch Runden können keine gewonnen werden. Es ist die Zeit, in der die ungeheizten Hallen geputzt werden, das Licht schummrig ist und sich ausser einem Kommissär, der die Runden zählt und schaut, dass niemand blau macht, niemand dafür interessiert, was passiert. Von sechs bis neun darf der eine Fahrer schlafen, von neun bis zwölf der andere – falls Schlafen überhaupt möglich ist. In Antwerpen etwa fassen die Ausländer eine Matratze und schlafen in einer Art Sauna unter den Heizungsrohren, Belgiens Helden Rik van Steenbergen und Emile Severeyns haben vornehme Kojen. Amphetamine, zu dieser Zeit unerlässliche Überlebenshelfer, sorgen dafür, dass die Fahrer nicht einschlafen, wenn sie auf die Toilette gehen.

Während der Neutralisation kreisen die Fahrer mit Tempo 10 auf dem «Teppich», wie der innerste, flache Teil der Bahn genannt wird. Um den gepeinigten Hintern zu entlasten, sitzen sie auf einem breiten Sattel, der Lenker ist hochgestellt. Wer es, wie Hugo Koblet, beherrscht, tritt nur mit einem Bein und hält mit dem andern den Lenker. So kann er Kaffee trinken und Zeitung lesen, was aber gewissen Sadisten gar nicht passt. In Deutschland etwa stellt auch mal ein Hallendirektor seinen Stuhl auf den «Teppich», so dass die

FERU
CILO

Endlich, am 23. März 1954, wird das erste Zürcher Sechstagerennen gestartet. Lys Assia, die damals berühmte Schweizer Schlagersängerin, schickt mit einem Pistolenschuss die Fahrer auf die Reise. Links im Bild Walter Bucher, der mit Jean Roth den zweiten Schlussrang erzielt.

Hugo Koblet ist in den Fünfzigerjahren auf allen Winterbahnen Europas bei Sechstagerennen und Américaines ein Publikumsmagnet.

Fahrer auf die geneigte Bahn ausweichen müssen. Sie sind dann gezwungen, ein gewisses Tempo zu fahren, um nicht abzurutschen.

Es sind erniedrigende Stunden für die Fahrer, und manchmal werden es auch denkwürdige für die Kommissäre. Die Fahrer machen sich einen Sport daraus, sie zu übertölpeln, zum Beispiel, indem sie ihnen einen Kaffee offerieren und Schlafmittel hineinschütten. Einen Kommissär, der sich so linken lässt, nagelt Oscar Plattner mit Hunderternägeln an den Hosenträgern an die Bahn. Plattner, der als eitel und geizig gilt, ist selber ein dankbares Opfer für Streiche: Einmal malt ihm Koblet sein strahlend rotes Bahnrad mit weisser Farbe an – natürlich bezahlt er anschliessend die Reparatur. Zur Legende geworden ist der Knall, der an einem Nachmittag das Hallenstadion erschüttert. Alle lachen, am lautesten Oscar Plattner, bis er merkt, dass das, was in Fetzen vom Himmel fällt, sein Condor-Trikot ist. Sein «Neeeeei, neeei, neeei!» durchdringt jedes Mark. Armin von Büren und René Strehler haben in seinem Köfferchen, das er mit auf die Kojen am Bahnrand nahm, eine Petarde explodieren lassen.

Während der übrigen 18 Stunden ist laut Reglement das Rennen frei. Jeder darf jederzeit angreifen und seine Runden gewinnen. Nur: Das tun die Fahrer höchstens in Ausnahmefällen, etwa nach einem Streit oder um einem Gegner etwas heimzuzahlen. Doch Rennfahrer sind Berufsleute und geben sich deshalb elementare Regeln. So gibt es ein Abkommen, dass in der ersten Stunde nach Ende der Neutralisation nur je ein Fahrer auf der Bahn ist, damit der andere zu Mittag essen kann. Am Abend gibt es eine solche Pause für Nachtessen und Massagen.

Logisch ist auch, dass die Berufsleute dann Leistung zeigen, wenn die Zuschauer in der Halle sind. Zu Beginn der Fünfzigerjahre ist es der Holländer Gerrit Schulte, der den Tarif bekannt gibt. Er sagt, wie lange eine «Jagd» dauert: zwei Stunden, drei Stunden oder auch mal länger, am Nachmittag, am Abend und in der Nacht. Manchmal lassen sich die Pferde allerdings nicht zügeln. Denkwürdig ist eine Jagd in Paris, die gleich nach dem Mittagessen begann und erst elf Stunden später endete.

Logisch ist auch, dass die Grossen im Geschäft – Gerrit Schulte, Rik van Steenbergen, Emile Severeyns, Georges Senftleben, Dominique Forlini, Hugo Koblet, Armin von Büren, Jean Roth, Walter Bucher und Oscar Plattner – die Grossen bleiben und entsprechend verdienen wollen. Sie sorgen dafür, dass ihnen die fetten Prämien nicht entgehen. Diese landen in einem Topf, der später gemäss Leistung aufgeteilt wird. Wer selber in der Kombine dabei ist, spricht nicht von Mafia.

Bei grossen Prämien, etwa dem Millionensprint in Paris, sorgt Schulte persönlich dafür, dass «Kleine» sich nicht einmischen können. Er legt – oben an der Bahn fahrend, wo der Kraftverschleiss enorm ist – ein derartiges Tempo vor, dass die Schwachen keine Chance haben, am Hinterrad zu bleiben. Dieses Fahren ganz oben an der Bahn beherrscht auch Hugo Koblet. Er pflegt sich so vor einer Jagd einzufahren, und die Gegner, die das Tempo mithalten wollen, müssen schon leiden, bevor es wirklich ernst gilt.

Es ist eine grosse Zeit, und jetzt ist auch Zürich bereit. Gerrit Schulte, der Boss, hat seit seinem ersten Start im Hallenstadion 13 Jahre auf diesen Augenblick gewartet. Am 23. März 1954 zückt Lys Assia, Sängerin aus Oerlikon und erste Siegerin des Grand Prix Eurovision de la Chanson mit dem Hit «Oh mein Papa», die Pistole. Ihr Schuss eröffnet das erste Zürcher

RALEIGH

Vorangehende Doppelseite: Stimmungsbild am späten Nachmittag im Zürcher Hallenstadion während des Sechstagerennens. Die Zuschauer sind spärlich anwesend, und die Fahrer drehen gemächlich ihre Runden.

Diesen Fahrstil Hugo Koblets beherrscht nicht jedermann…

Während sein Partner auf der Bahn die Runden fährt, verpflegt sich Hugo Koblet. Sein Pfleger und Mechaniker wirbt während der sechs Tage für «Hugo Koblet's Quickfit», eine Muskel-Emulsion.

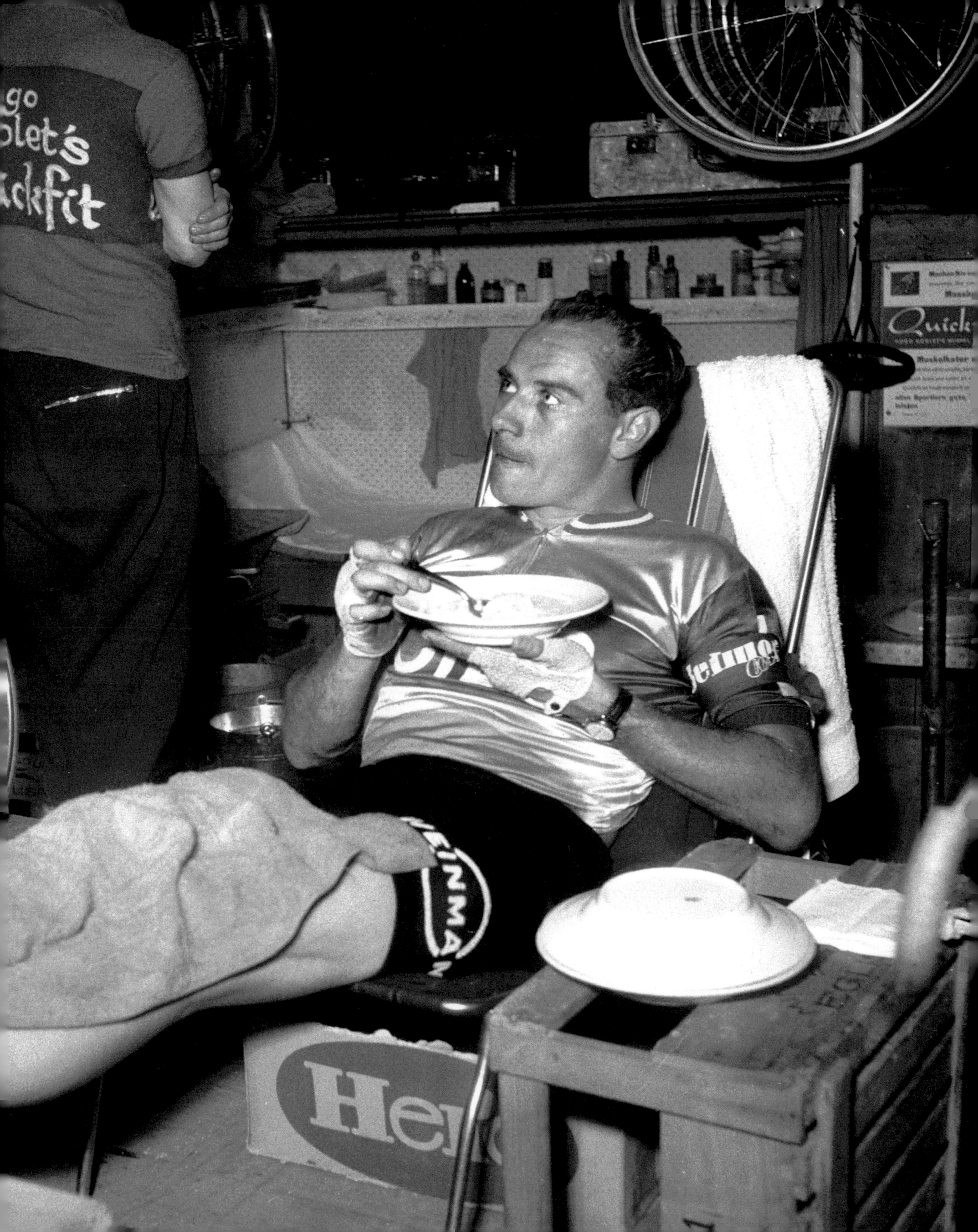
Quick

sanose
schafft

raftreserven
Forsanose

Vorangehende Doppelseite: Auch an Nachmittagen wird bei den Punktewertungen ein hohes Tempo gefahren und um jeden Punkt gekämpft.

Armin von Büren ist der Spezialist bei den Autosprints. Er gewinnt sein erstes Auto am ersten Zürcher Sechstagerennen. Am Ende seiner Karriere sind es total fünf Autos.

Sehr populär ist der legendäre «Säulisprint» am Zürcher Sechstagerennen.

sihl aufgewachsenen Walter Bucher, und ehe dieser vom aufgeschreckten Roth unterstützt werden kann, haben sie die Runde aufgeholt. Noch dreieinhalb Stunden dauert die Jagd, dann stehen Koblet und von Büren als erste Sieger des Zürcher Sechstagerennens fest. Danach gewinnen die beiden auch die Europameisterschaft in der Américaine. Und Koblet setzt sich erstmals in seiner Karriere in einer 5-Kilometer-Verfolgung gegen Fausto Coppi durch (6:16 Minuten gegen 6:20 Minuten).

Roth und Bucher revanchieren sich im Jahr darauf und bleiben im Sechstagegeschäft weiter erfolgreich. Koblet gewinnt danach nur noch einmal ein Sechstagerennen: im Herbst 1955 in Dortmund. 1956 fährt er in Zürich zum ersten und einzigen Mal mit Kübler und wird Vierter.

Für die Sechstagerennen muss sich Armin von Büren neue Partner suchen, in den Américaines bleiben die beiden Zürcher eine Macht. 1955 gewinnen sie drei, 1956 gar deren acht. Es ist ein letztes Aufzucken in einer grossen Karriere, die 1955 auf der Strasse mit dem Sieg in der letzten Etappe des Giro d'Italia, dem Gewinn der Tour de Suisse und erstmals auch der Schweizer Strassenmeisterschaft, vor Carlo Clerici, ihre letzten Höhepunkte erlebt und mit der Aufgabe in der Spanien-Rundfahrt 1957 praktisch zu Ende geht.

Koblets Organismus ist geschwächt. Seine Nieren und sein Herz sind seit der fatalen Spritze in der Tour de Suisse 1952 angeschlagen und werden immer schwächer. Die Höhe bereitet ihm jedes Jahr grössere Probleme, in den Rundfahrten erholt er sich nur noch ungenügend. Deshalb entscheidet er sich 1957, auf der Strasse höchstens noch Kriterien zu fahren und zu seiner ersten Liebe, der Bahn, zurückzukehren, so wie ihm das sein Leibarzt Geni Rupf schon sechs Jahre zuvor empfohlen hatte. Bei Schrittmacher Auguste Wambst in Paris lässt er sich zum Steher ausbilden. Es ist keine gute Idee: Als Steher hängt der lange Hugo zu hilflos im Wind. Es gibt für ihn kein Gnadenbrot in einem Zirkus, dessen dröhnende Motoren die Fans begeistern. Der Superstar wird abgehalftert.

Im Herbst 1958 macht Koblet eine Abschiedstournee. Sie umfasst gerade noch zwei Rennen, eines in Basel und eines im Hallenstadion.

Am 21. März 1957, während des 4. Zürcher Sechstagerennens, das er mit René Strehler fährt, feiert Hugo Koblet seinen 32. Geburtstag. Mit seiner Frau Sonja absolviert er die Ehrenrunde.

Das Programmheft des Zürcher Hallenstadions vom 10. Oktober 1958 zum Abschiedsrennen von Hugo Koblet.

Gegen Ende seiner Karriere fährt Hugo Koblet – ohne grossen Erfolg – Steherrennen hinter dem Schrittmacher Auguste Wambst.

Nach Abschluss seiner Karriere fährt Hugo Koblet, wie auch Armin von Büren und Oscar Plattner, aus Spass als Schrittmacher.

Made in Italy

Der Unfall bleibt ein Rätsel

Hanspeter Born

Das Porträt des Siegers nach der Ankunft des Grand Prix Suisse in Zürich 1950: der James Dean des Radsports.

Hugo Koblet und sein Hallenpartner Armin von Büren waren mit dem Auto unterwegs zu einem Rennen in Belgien. Sie überquerten gerade den Col du Bonhomme, der von Colmar nach Nancy führt, als Armin die Zeit für gekommen hielt, seinem in Geldsachen allzu freigebigen Freund ins Gewissen zu reden: «Hugo, jetzt musst du lernen, ein wenig zu sparen.» Hugo winkte ab: «Hör, Armin, ich spare nicht. Ich werde sowieso nicht alt.»

Am 2. November 1964, ungefähr um 10 Uhr, fuhr ein «pressanter» Hugo Koblet bei seiner direkt neben der offenen Rennbahn in Oerlikon gelegenen Agip-Tankstelle vor und sagte dem Angestellten Peter Cattaneo, er habe beim «Ochsner» das Portemonnaie liegen gelassen. Hugo war im Sportgeschäft am Marktplatz vorbeigegangen, um mit seinem Kumpel Hans Jost die Tests zu besprechen, die er mit den damals neuen Head-Metallski machen wollte. «I muess füfzg Stutz ha», meinte er zu Cattaneo, worauf ihm dieser aus der Tankstellenkasse eine Fünfzigernote aushändigte. Auf einem «Fresszettel» bestätigte der Ex-Radrennfahrer den Empfang des Betrags mit der hingeworfenen Unterschrift «Koblet». Dann stieg Hugo in seinen weissen Alfa und fuhr davon wie eine Rakete. «Typisch», bemerkte Tankstellenchef Larice, «da hat er einen wichtigen Termin wegen der Scheidung und ist wieder einmal spät dran.»

Als Cattaneo an jenem Montag von der Mittagspause zurückkam, erfuhr er, dass Hugo einen Unfall gehabt habe und in Uster im Spital liege. Spontan erinnerte er sich, wie einige Monate zuvor Koblet mit einem bös zugerichteten Wagen vom Radrennen München–Zürich zurückgekehrt war, über das er als Reporter von Radio Beromünster, wie DRS damals noch hiess, berichtet hatte. Hugo war in einen Hag oder Brunnen hineingefahren und hatte auf der Heimfahrt mehrmals Wasser nachfüllen müssen, weil der Kühler beschädigt war. Man hatte damals den Alfa, bei dem der Kotflügel, die Doppelscheinwerfer, der Blinker und der Kühlergrill ersetzt werden mussten, auf einen Anhänger aufgeladen und zu Foitek oder zu Weinmann gebracht. Der «Wiimä» in Albisrieden, die einzige Garage in Zürich mit einem Richtbock, konnte das Autochassis nur notdürftig richten, weil das Trapez an der Radaufhängung defekt war und ein neues Teil zuerst nachbestellt werden musste. Man habe dann Hugo das Auto, das dieser dringend brauchte, gleichwohl zurückgegeben, ihn aber ermahnt, nicht schneller als 60km/h zu fahren, bis das Trapez ausgewechselt sei. «Das kaputte Trapez hat Hugo nachher nie ersetzen lassen», erinnert sich Peter Cattaneo. Und heute, wie schon damals, glaubt er auch, dass dieses defekte Trapez an Hugos Unfall schuld war: «Wissen Sie, wenn das Rad in den Radkasten hineinfällt, weil das Trapez bricht, dann können Sie lange versuchen zu steuern. Dann ist das ‹Redli› geführt, und zwar geradeaus.»

Gesehen hat den Unfall, der sich um 10.20 Uhr auf der Strasse von Mönchaltorf nach Esslingen ereignete, niemand. Sägereibesitzer und Landwirt Gustav Isler war zusammen mit seiner Frau am Grasen, als er einen dumpfen Knall hörte. Er schaute hin und sah in 150 Meter Entfernung das Wrack eines Wagens, der gegen den in der Nähe des Strassenrands stehenden alten, riesigen Birnbaum geprallt war. Am Unfallort traf er auf ein zertrümmertes Auto, dessen eingestauchter Motorblock das Steuerrad bis ans Wagendach hinaufgedrückt hatte. Das Wrack war überstreut mit bunten Herbstblättern, die es beim Aufprall vom Baum geregnet hatte. Der Oberkörper des Fahrers lag vor den Hintersitzen – Sicherheitsgurten gab es 1964 noch nicht –, und die Beine waren derart eingeklemmt, dass Isler den Verunglückten nur mit Mühe aus dem Auto befreien konnte. Obschon übel zugerichtet, war der Fahrer nicht bewusstlos und wimmerte: «Mini Bäi, mini Bäi.» Dann stöhnte er: «Stärbe, lönd mi stärbe.»

Der schwer Verletzte lag noch neben dem Auto, als der auf dem Posten in Egg benachrichtigte Kantonspolizist Jakob Hottinger am Unfallort anlangte. Kurz darauf wurde Koblet, der inzwischen das Bewusstsein verloren hatte, ins Bezirksspital Uster überführt. Chefarzt Dr. Richard Kübler stellte multiple Brüche an den Beinen, zum Teil offen, einen Schädelbruch, einen Ellbogenbruch und Handverletzungen fest. Da der Patient unter schwerem Schock litt, musste Dr. Kübler warten, bevor er anfangen konnte zu operieren. Als «Blick»-Redaktor Mario Widmer am späteren Nachmittag im Spital auftauchte, berichtete ihm eine Schwester, Herr Koblet müsse gerade umgelagert werden. Der Journalist ging ins Büro des Chefarztes, der einen grünen Operationsanzug und eine grüne Mütze trug. Die grüne Chirurgenmaske baumelte ihm um den Hals, und er zog hastig an einer Zigarette. Dr. Kübler

Ju

«Hugi» – der Apollo von Zürich-Aussersihl

Martin Born

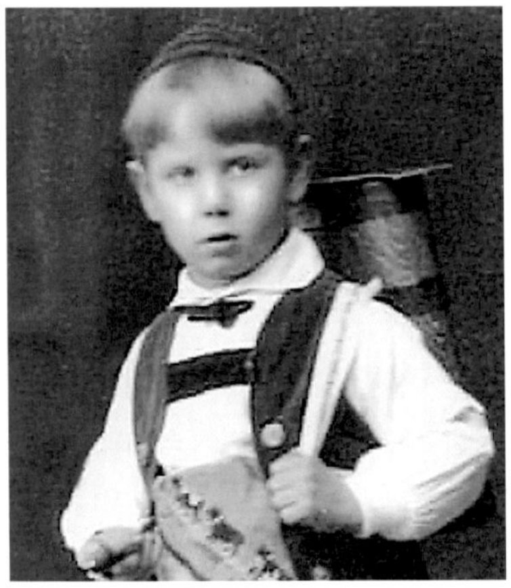

Vorangehende Doppelseite: Hugo Koblet mit seinem Förderer Leo Amberg, der vor dem Zweiten Weltkrieg einer der erfolgreichsten und populärsten Schweizer Radrennfahrer war: An der Tour de Suisse 1935 und 1937 wurde er Zweiter, 1936 Dritter und an der Tour de France 1937 Dritter.

Hugo Koblet als 5-jähriger Knabe während der Ferien in Pontresina.

«Es war im Mai 1943. Auf der Industriestrasse radelten drei junge Kerle in den sonnigen Sonntagmorgen hinein. Noch lag Tau in den Wiesen und die Wasserperlen glitzerten kristallen in der Sonne. Das Trio kam munter vorwärts, denn Autos waren selten. Das Ziel war Dietikon, Start des Klubrennens des Radfahrer-Vereins Zürich (RVZ) auf den Hasenberg. Ein kleines Einzelzeitfahren am Rande des grossen Sportgeschehens.

Einer der drei Burschen steigerte das Tempo. ‹Fahr doch nicht so verrückt›, riefen die beiden andern. ‹Du kannst dich im Rennen noch austoben.›

Der ‹Verrückte› war grösser als die beiden andern. Er wirkte schlaksig und sein Brustumfang hätte noch gut 20 Zentimeter mehr vertragen. Er trug eine kurze Manchesterhose und einen Plüschpullover. Die Ärmel hatte er zurückgekrempelt. Das Braun der Hose und das Blau des Pullovers gaben einen leidlichen Kontrast. Fast war es ein Rennfahrerdress.

In Dietikon tauchte der Schlaksige unter im grossen Haufen. Ein paar Stunden später kannte man im Hasenberg-Zeitfahren auch schon den Sieger. Der Lange hatte als Anfänger eine um 30 Sekunden bessere Zeit herausgefahren als der erste Junior, und die Fachleute, die seinen Stil bewunderten, prophezeiten ihm eine grosse Zukunft.

‹Natürlich ist er noch jung, erst 18 Jahre alt›, sagten sie, ‹aber wenn er jemanden findet, der ihm das Radfahren richtig beibringt, kann er etwas werden.›

Der Nachwuchsbetreuer des Vereins beschloss, sich des jungen Mannes anzunehmen. Er trat auf ihn zu und sagte: ‹Du bist doch der Koblet, Hugo Koblet, oder nicht?› ‹Jawohl ich heisse Hugo Koblet.›»

Diese Zeilen von Alfons Biland, einem Journalisten und Werber, der später zu Koblets engsten Freunden zählte, stammen aus der Broschüre «Sieg im Giro», die ein paar Wochen nach dem Triumph von 1950 im Jean Frey Verlag erschien. Andere folgten: «Mein schönster Sieg» nach der Tour de France 1951 und «Unser Sieg im Giro» nach Carlo Clericis Überraschungserfolg 1954.

Der zitierte Text beschreibt den Tag, an dem Hugo Koblet als Rennfahrer entdeckt wird. Am 5. Mai 1943 beginnt die Karriere des Champions, der als «Pédaleur de charme» in die Geschichte des Radsports eingehen wird.

Doch bevor sich Hugo dem RVZ anschliessen kann, muss er ein Problem lösen: Wie sag ich's meiner Mutter? Mama Koblet hat es nie gern gesehen, wenn sich ihr Hugo den «Verrückten» im Quartier anschloss, die um die Häuserblöcke Rennen fuhren. Und als ihr Hugo sagte, er würde auch gerne einmal an einem Rennen teilnehmen, überhörte sie es geflissentlich.

Helen Koblet, geborene Gross, aus Pontresina, seit 1934 Witwe, liebt ihren jüngeren Sohn über alles, wie das so ist bei einem anhänglichen, stillen Buben, der schmächtig, bleich und kränklich ist, immer wieder Ferien bei den Verwandten in Pontresina braucht, um zu gedeihen, und den sie so oft vor seinem gewalttätigen Vater, einem bedauernswerten Alkoholiker, hat beschützen müssen. So lässt sie ihrem «Hugi» später, als er zwar schon lang, aber noch immer spindeldürr ist, die Freiheiten, die der um fünf Jahre ältere Sohn, der wie der Vater Adolf heisst, nicht hat. «Dölf» führt die Bäckerei im Backsteinhaus an der Hildastrasse 2, an der Kreuzung mit der Sihlfeldstrasse.

Natürlich muss auch Hugo zu Hause helfen, wie alle Buben in diesem Arbeiterquartier, in dem nur der Milchmann und der Doktor ein Auto haben und in dem es an jeder Ecke ein Geschäft hat. Hugo ist Ausläufer, und das macht ihn bei seinen Kollegen besonders beliebt. Die Buben des Quartiers treffen sich am Abend jeweils bei der kleinen Bank an der Herman Greulich-Strasse, und es gehört zu den schöneren Momenten im Leben, wenn Hugo von seiner Tour zurückkommt und es in seiner Blechbüchse noch ein paar übrig gebliebene Gebäcke hat. Hugo verteilt diese. Das ist nichts Aussergewöhnliches

Die drei Broschüren über die drei wichtigsten und grössten Erfolge Hugo Koblets, von ihm selber verfasst, sind heute begehrte Sammlerobjekte.

in Aussersihl: Die Solidarität ist ein Wert, der hier etwas zählt. Sie prägt Hugo für den Rest des Lebens. Als erfolgreicher Rennfahrer wird er stets auch an jene denken, die weniger Talent haben als er. Wenn nach einem Sieg im Café Bucher gefeiert wird, sind stets alle eingeladen, auch wenn es hundert Leute sind. Und wenn kleinere, unbekannte Rennfahrer in einer Rundfahrt um eine Prämie sprinten wollen, lässt er sie fahren und bremst das Feld. Als Fritz Schär vor dem Start zu einer Schweizer Meisterschaft auf einem platten Reifen sitzt, hält Hugo das ganze Feld auf, bis der Freund bereit ist.

Ehrgeiz ist verpönt in Aussersihl. Auch deshalb, so wird vermutet, wird Hugo nie zum Trainings-Weltmeister – oder er trainiert so, dass es im Quartier nicht auffällt, mit einem zehn Kilo schweren, mit Sand gefüllten Rucksack zum Beispiel, wie vor seinem Sieg in der Tour de France.

Während des Kriegs treffen sich im Café Boy die Kommunisten und Anarchisten. Dort werden Geschichten vom Spanischen Bürgerkrieg erzählt. In der «Casa d'Italia» sitzen die Faschisten. Nachts machen prügelnde Fröntler, wie die Schweizer Nazis genannt werden, das Quartier unsicher. Die Arbeiter stellen Wachen auf.

Hugos Mutter ist in Aussersihl beliebt. Wie all die vielen andern kleinen Läden im Quartier ist auch die Bäckerei Koblet ein Zentrum der Information. Helen Koblet hat ein offenes Ohr für die Buben und enttäuscht sie nicht, wenn sie am Sonntag die «Stückli» für den Festtisch einkaufen. Etwas darüber hinaus gibt es immer. Und wer sich in der Bäckerei nützlich macht, wird mit Schleckwaren belohnt. Die Koblet'sche Patisserie wird gerühmt. Auch Hugo würde, als er nach Abschluss der Schule während kurzer Zeit in der Bäckerei arbeitet, gerne «Stückli» herstellen, doch das erlaubt Bruder Adolf nicht. Es ist

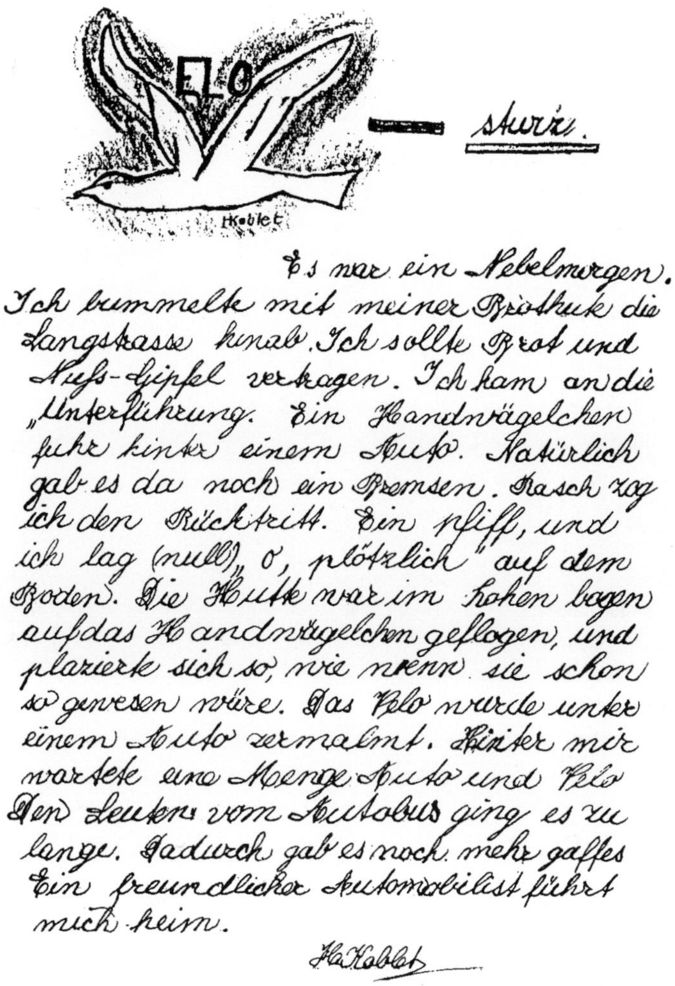

Es war ein Nebelmorgen. Ich bummelte mit meiner Brotkuk die Langstrasse hinab. Ich sollte Brot und Nuss-Gipfel vertragen. Ich kam an die „Unterführung. Ein Handwägelchen fuhr hinter einem Auto. Natürlich gab es da noch ein Bremsen. Rasch zog ich den Rücktritt. Ein pfiff, und ich lag (null), 0, plötzlich" auf dem Boden. Die Hutte war im hohen Bogen auf das Handwägelchen geflogen, und plazierte sich so, wie wenn sie schon so gewesen wäre. Das Velo wurde unter einem Auto zermalmt. Hinter mir wartete eine Menge Auto und Velo Den Lenkern vom Autobus ging es zu lange. Dadurch gab es noch mehr gaffes Ein freundlicher Automobilist führt mich heim.

H.Koblet

eine Art Rache: Hugo muss putzen. Die Folge davon ist, dass er sich eine Lehrstelle sucht. Er findet eine als Kunstschlosser bei der Firma Belmag.

Hugo ist ein netter Junge, höflich und zuvorkommend, ein durchschnittlicher Schüler, gut im Zeichnen. Und er ist immer gut angezogen und geschniegelt, mit Brylcreme im Haar, von den Mädchen umschwärmt: ganz klar einer der Platzhirsche im Quartier. Nur Hans Brun, der sich später, als er nach Genf zieht, Jean nennt und ein erfolgreicher Radrennfahrer wird, kommt bei den Mädchen besser an. Im Feldschulhaus sitzen Mädchen und Buben in der gleichen Reihe, was als revolutionär gilt.

Der Üetliberg ist für die Buben von Aussersihl das Paradies. Hier bauen sie Hütten und spielen Räuber und Polizist. Doch auch Ausflüge in fremde Reviere gehören dazu, zum Käferberg etwa, wo Hugo und seine Kollegen von einer Hönggers Bande verprügelt und gefesselt werden. Blutend und geknickt kehren sie nach Hause zurück. Es ist ein Erlebnis, das

Schon als Fünftklässler ist Hugo Koblet mit dem Fahrrad verbunden, wie sein Aufsatz «Velo-sturz» zeigt.

Dieser Ausschnitt einer Klassenfoto zeigt den Jüngling Hugo Koblet bereits elegant gekleidet, mit Krawatte, und sorgfältig frisiert.

Hugo, der kein Schläger ist, nicht so schnell vergessen wird. Ein bleibendes Erlebnis ist auch der Ausflug in die «Badi» in der Enge. Hugo, der nicht schwimmen kann, stürzt sich ins Wasser. Ein Freund rettet ihn vor dem Ertrinken. Am Tag danach bringt Hugo einen Korb voll Nussgipfel in die Schule.

Im Kreis 4 wird auch Fussball gespielt. Wer etwas auf sich hält, ist bei den Young Fellows. Notfalls kommt auch der FC Zürich in Frage. Damit grenzt man sich klar ab zum Industriequartier des Kreis 5, wo man bei den Grasshoppers ist.

Der Spielplatz ist die Strasse. Und die gehört den Radfahrern. Schon die Kleinen spielen Radrennen. Dabei treiben sie mit einem Stock einen Fahrradreifen vor sich her und kämpfen als Paul Egli gegen Leo Amberg. Es gibt viele Rennfahrer im Quartier, Aussersihl ist ein Zentrum des Radrennsports. Viele Familien nehmen Rennfahrer von auswärts bei sich auf und

Erste Porträt-Aufnahme von Hugo Koblet als Schweizer Meister in der Amateur-Verfolgung 1945.

Der Radfahrer-Verein Zürich als Schweizer Mannschaftsmeister 1944: von links Gottfried Weilenmann, Hugo Koblet, Fritz Baumann, Walter Bollier und Leo Weilenmann.

füttern sie durch. Im Kreis 4 hat auch Leo Amberg, der Tour-de-France-Dritte von 1937 – ein sehr ruhiger, gepflegter Sportsmann –, sein Fahrradgeschäft, zu dem auch die Lambretta-Vertretung gehört. Bei Amberg, dem Idol des Quartiers, schauen die 15- und 16-Jährigen, die vom Radrennsport träumen, immer wieder vorbei. Am Abend veranstalten sie wilde Rennen um die Häuserblocks, und einmal in der Woche geht's auf die andere Seite der Limmat zur Bernerstrasse, wo sich die jungen Zürcher Fahrradenthusiasten, vom Anfänger bis zum Profi, zu Trainingskriterien treffen. Sie bauen sich in einer Kiesgrube eine Art Rennbahn. Oder sie fahren nach Oerlikon, klettern über den Stacheldraht und drehen Runden auf der offenen Radrennbahn, die neben dem Hallenstadion und den Fussballstadien die grosse Zuschauerattraktion der Stadt ist. Alle zwei Wochen finden dort Radrennen statt.

Auch Hugo gehört zu ihnen, auch er kann sich der Faszination nicht entziehen, und er kauft sich mit seinem Ersparten irgendwann ein Sportfahrrad. Die Kollegen lachen, als er es ihnen, die bei der Bank an der Herman Greulich-Strasse sitzen, stolz vorführt. Es ist ein «Bock» mit überlangem Hinterbau, grün metallisiert, eine Occasion, gekauft bei Klink, einem Händler im Quartier. Mit diesem schweren Fast-Renner beginnt er zu trainieren. Leo Amberg erkennt das Talent des Langen und begleitet ihn auf Ausfahrten, manchmal ist auch Hans Martin dabei, Ambergs Schwager, ein ehemaliger «Züri-Metzgete»-Sieger.

Mitten im Krieg, als die Schweiz von den Achsenmächten eingekesselt ist, macht sich Koblet zusammen mit seinem Freund Hans Riniker auf den Weg nach Paris. Die Kommunisten im Café Boy haben den beiden Jungen zuvor erklärt, wo es an der Grenze Durchschlüpfe gibt für die Flüchtlinge. Die beiden schaffen es bis in den Jura. Dort werden sie beim Überqueren der grünen Grenze festgenommen und per Camion zurück nach Zürich gebracht, wo sie von den Kollegen begeistert empfangen werden.

Dann ist es so weit. Obwohl er eigentlich nie hat Radrennen fahren wollen, lässt Hugo sich von Kollegen überreden. So fährt er mit dem «Bock» von Klink am 5. Mai 1943 nach Dietikon zum Hasenberg-Zeitfahren. Damit er nicht ganz chancenlos ist, leiht ihm ein Freund einen Rennlenker.

Die Fortsetzung kennen wir. Hugo gewinnt einen Zinnteller und stellt sich die Frage, was er damit tun soll. Zum Glück ist er «Stift» bei der Belmag, der Kunstschmiede, und als er den Teller seiner Mutter schenkt, erklärt er ihr, dass er ihn selber gemacht habe. Doch natürlich kommt sie bald dahinter. Hugo gesteht, was passiert ist; die Mutter fügt sich, wie immer, wenn Hugo etwas tut. Und so wird er Mitglied beim Radfahrer-Verein Zürich, dem besten Verein der Schweiz. Es ist die Mannschaft von Paul Suter, dem Steher-Weltmeister von 1923, von Ernst Kaufmann, dem Sprinter-Weltmeister von 1925, von Josef Wagner, dem Tour-de-Suisse-Sieger 1941, und von Ferdy Kübler, der die Schweizer Rundfahrt 1942 gewann. Im Jahr, in dem Koblet am Hasenberg entdeckt wird, sichert Kübler dem Verein zum dritten Mal den Titel in der Verfolgung der Berufsfahrer. Kübler gewinnt auch die Züri-Metzgete. Als er den

1950 Tour de Suisse

Etappe	Distanz	Zeit	Sieger	Leader	Gesamtklassement	
1. Zürich–Winterthur	272 km	7:14:31	Jean Goldschmit (LUX)	Jean Goldschmit (LUX)	1. Hugo Koblet (CH)	53:28:51
2. Winterthur–Liestal	240 km	7:02:01	Jean Goldschmit (LUX)	Jean Goldschmit (LUX)	2. Jean Goldschmit (LUX)	+ 6:49
3. Liestal–Genf	299 km	7:51:02	Gustaaf Speeckaert (BE)	Jean Goldschmit (LUX)	3. Aldo Ronconi (IT)	+ 16:16
4.a Genf–Lausanne (EZ)	61 km	1:20:51	Hugo Koblet (CH)	Jean Goldschmit (LUX)	4. Jean Kirchen (LUX)	+ 17:55
4.b Lausanne–Gstaad	101 km	3:17:25	Hugo Koblet (CH)	Jean Goldschmit (LUX)	5. Ferdy Kübler (CH)	+ 23:29
5. Gstaad–Luzern	234 km	5:56:45	Ernst Stettler (CH)	Jean Goldschmit (LUX)		
6. Luzern–Bellinzona	220 km	7:03:22	Hugo Koblet (CH)	Hugo Koblet (CH)	Gestartet: 69 Fahrer – klassiert: 47 Fahrer	
7. Bellinzona–St. Moritz	162 km	6:25:00	Martin Metzger (CH)	Hugo Koblet (CH)	Totaldistanz: 1829 km	
8. St. Moritz–Zürich	240 km	6:54:50	Fritz Zbinden (CH)	Hugo Koblet (CH)	Gesamtdurchschnitt: 34,200 km/h	

1951 Giro d'Italia

Etappe	Distanz	Zeit	Sieger	Leader	Gesamtklassement	
1. Mailand–Turin	202 km	5:16:12	Rik van Steenbergen (BE)	Rik van Steenbergen (BE)	1. Fiorenzo Magni (IT)	121:11:37
2. Turin–Alassio	202 km	5:18:35	Antonio Bevilacqua (IT)	Fiorenzo Magni (IT)	2. Rik van Steenbergen (BE)	+ 1:46
3. Alassio–Genua	252 km	7:38:05	Rodolfo Falzoni (IT)	Fiorenzo Magni (IT)	3. Ferdy Kübler (CH)	+ 2:36
4. Genua–Florenz	265 km	7:45:35	Guido de Santi (IT)	Fiorenzo Magni (IT)	4. Fausto Coppi (IT)	+ 4:04
5. Florenz–Perugia	192 km	5:37:07	Pietro Giudici (IT)	Fritz Schär (CH)	5. Giancarlo Astrua (IT)	+ 4:07
6. Perugia–Terni (EZ)	81 km	2:04:15	Fausto Coppi (IT)	Fritz Schär (CH)	6. Hugo Koblet (CH)	+ 6:05
7. Terni–Rom	290 km	8:50:04	Angelo Menon (IT)	Rik van Steenbergen (BE))	7. Louison Bobet (FR)	+ 9:05
8. Rom–Neapel	243 km	7:02:51	Luigi Casola (IT)	Fiorenzo Magni (IT)	8. Arrigo Padovan (IT)	+ 14:41
9. Neapel–Foggia	181 km	5:05:16	Giovanni Corrieri (IT)	Fiorenzo Magni (IT)	9. Vincenzo Rossello (IT)	+ 14:49
10. Foggia–Pescara	311 km	10:56:10	Giuseppe Minardi (IT)	Fiorenzo Magni (IT)	10. Gino Bartali (IT)	+ 21:12
11. Pescara–Rimini	246 km	6:28:24	Serafino Biagioni (IT)	Fiorenzo Magni (IT)	19. Dino Rossi (IT)	+ 33:50
12. Rimini–San Marino (EZ)	24 km	45:05	Giancarlo Astrua (IT)	Giancarlo Astrua (IT)	11. Pasquale Fornara (IT)	+ 21.12
13. Rimini–Bologna	249 km	6:28:52	Luciano Maggini (IT)	Rik van Steenbergen (BE)	54. Serse Coppi (IT)	+ 1:49:31
14. Bologna–Brescia	220 km	5:43:13	Adolfo Leoni (IT)	Rik van Steenbergen (BE)	68. Emilio Croci-Torti (CH)	+ 2:35:23
15. Brescia–Venedig	188 km	5:07:48	Rik van Steenbergen (BE)	Rik van Steenbergen (BE)	73. Martin Metzger (CH)	+ 3:04:55
16. Venedig–Triest	182 km	4:32:10	Luciano Frosini (IT)	Rik van Steenbergen (BE)	74. Olimpio Bizzi (IT)	+ 3:18:04
17. Triest–Cortina d'Ampezzo	255 km	7:24:03	Louison Bobet (FR)	Rik van Steenbergen (BE)		
18. Cortina d'Ampezzo–Bozen	242 km	7:22:18	Fausto Coppi (IT)	Fiorenzo Magni (IT)	Gestartet: 98 Fahrer - klassiert: 75 Fahrer	
19. Bozen–St. Moritz	165 km	5:39:09	Hugo Koblet (CH)	Fiorenzo Magni (IT)	Totaldistanz: 4162 km	
20. St. Moritz–Mailand	172 km	5:11:34	Antonio Bevilacqua (IT)	Fiorenzo Magni (IT)	Gesamtdurchschnitt: 34,217km/h	

1951 Tour de Suisse

Etappe	Distanz	Zeit	Sieger	Leader	Gesamtklassement	
1. Zürich–Aarau	251 km	7:05:25	Alfredo Martini (IT)	Alfredo Martini (IT)	1. Ferdy Kübler (CH)	55:15:14
2.a Aarau–Basel	135 km	3:26:26	Ferdy Kübler (CH)	Alfredo Martini (IT)	2. Hugo Koblet (CH)	+ 4:15
2.b Basel–Boncourt (EZ)	65 km	1:33:32	Hugo Koblet (CH)	Dino Rossi (IT)	3. Alfredo Martini (IT)	+ 14:03
3. Boncourt–Bern	239 km	6:45:49	Jean Goldschmit (LUX)	Dino Rossi (IT)	4. Fritz Schär (CH)	+ 17:08
4. Bern–Gstaad	261 km	7:38:37	Ferdy Kübler (CH)	Dino Rossi (IT)	5. Vittorio Rossello (IT)	+ 25:50
5. Gstaad–Luzern	208 km	5:35:35	Giovanni Rossi (CH)	Dino Rossi (IT)		
6. Luzern–Lugano	221 km	7:51:37	Vittorio Rossello (IT)	Ferdy Kübler (CH)	Gestartet: 79 Fahrer – klassiert: 49 Fahrer	
7. Lugano–Davos	240 km	8:00:30	Hugo Koblet (CH)	Ferdy Kübler (CH)	Totaldistanz: 1854 km	
8. Davos–Zürich	234 km	6:55:22	Jean Goldschmit LUX)	Ferdy Kübler (CH)	Gesamtdurchschnitt: 34,060 km/h	

1951 Tour de France

Etappe	Distanz	Zeit	Sieger	Leader
1. Metz–Reims	185 km	5:23:10	Giovanni Rossi (CH)	Giovanni Rossi (CH)
2. Reims–Gent	228 km	6:28:54	Jean Diederich (LUX)	Jean Diederich (LUX)
3. Gent–Le Tréport	219 km	7:04:14	Georges Meunier (FR)	Jean Diederich (LUX)
4. Le Tréport–Paris	186 km	4:42:14	Roger Lévêque (FR)	Jean Diederich (LUX)
5. Paris–Caen	215 km	6:09:34	Serafino Biagioni (IT)	Serafino Biagioni (IT)
6. Caen–Rennes	182 km	5:21:10	Eduard Muller (FR)	Roger Lévêque (FR)
7. Rennes–Angers (EZ)	85 km	2:05:40	Hugo Koblet (CH)	Roger Lévêque (FR)
8. Angers–Limoges	241 km	7:07:20	André Rosseel (BE)	Roger Lévêque (FR)
9. Limoges–Clermont-Ferrand	236 km	6:58:40	Raphaël Geminiani (FR)	Roger Lévêque (FR)
10. Clermond-Ferrand–Brive-la-Gaillarde	216 km	6:34:15	Bernardo Ruiz (SP)	Roger Lévêque (FR)
11. Brive-la-Gaillarde–Agen	177 km	4:31:41	Hugo Koblet (CH)	Roger Lévêque (FR)
12. Agen–Dax	185 km	4:49:25	Wim van Est (NL)	Wim van Est (NL)
13. Dax–Tarbes	201 km	5:46:57	Serafino Biagioni (IT)	Gilbert Bauvin (FR)
14. Tarbes–Luchon	142 km	4:40:41	Hugo Koblet (CH)	Hugo Koblet (CH)
15. Luchon–Carcassonne	218 km	6:21:04	André Rosseel (BE)	Hugo Koblet (CH)
16. Carcassone–Montpellier	192 km	5:26:14	Hugo Koblet (CH)	Hugo Koblet (CH)
17. Montpellier–Avignon	224 km	7:24:44	Louison Bobet (FR)	Hugo Koblet (CH)
18. Avignon–Marseille	173 km	4:55:46	Fiorenzo Magni (IT)	Hugo Koblet (CH)
19. Marseille–Gap	208 km	7:14:41	Armand Baeyens (BE)	Hugo Koblet (CH)
20. Gap–Briançon	165 km	5:33:04	Fausto Coppi (IT)	Hugo Koblet (CH)
21. Briançon–Aix-les-Bains	201 km	6:45:24	Bernardo Ruiz (FR)	Hugo Koblet (CH)
22. Aix-les-Bains–Genf (EZ)	105 km	2:39:45	Hugo Koblet (CH)	Hugo Koblet (CH)
23. Genf–Dijon	197 km	6:11:32	Germain Derijcke (BE)	Hugo Koblet (CH)
24. Dijon–Paris	322 km	9:58:19	Adolphe Deledda (FR)	Hugo Koblet (CH)

Gesamtklassement	
1. Hugo Koblet (CH)	142:20:14
2. Raphaël Geminiani (FR)	+22:00
3. Lucien Lazaridès (FR)	+24:16
4. Gino Bartali (IT)	+29:09
5. Stan Ockers (BE)	+32:53
6. Pierre Barbotin (FR)	+36:40
7. Fiorenzo Magni (IT)	+39:14
8. Gilbert Bauvin (FR)	+45:53
9. Bernardo Ruiz (SP)	+45:55
10. Fausto Coppi (IT)	+46:51
20. Louison Bobet (FR)	+1:24:09
24. Georges Aeschlimann (CH	+1:39:45
27. Jean Robic (FR)	+1:55:35
28. Hans Sommer (CH)	+1:58:47
35. Marcel Huber (CH)	+2:13:36
50. Gottfried Weilenmann (CH)	+3:01:15
57. Roger Walkoviack (FR)	+3:21:30
60. Leo Weilenmann (CH)	+3:48:32
66. Abdelkader Zaaf (ALG)	+4:58:18

Gestartet: 123 Fahrer – klassiert: 66 Fahrer
Totaldistanz: 4703 km
Gesamtdurchschnitt: 34,118 km/h

1952 Giro d'Italia

Etappe	Distanz	Zeit	Sieger	Leader
1. Milano–Bologna	217 km	5:56:47	Giorgio Albani (IT)	Giorgio Albani (IT)
2. Bologna–Montecatini	197 km	5:44:45	Angelo Conterno (IT)	Angelo Conterno (IT)
3. Montecatini–Siena	205 km	5:26:21	Antinio Bevilacqua (IT)	Nino Defilippis (IT)
4. Siena–Rom	250 km	7:26:40	Désiré Keteleer (BE)	Nino Defilippis (IT)
5. Rom–Rocca di Papa (EZ)	35 km	1:01:26	Fausto Coppi (IT)	Giancarlo Astrua (IT)
6. Rom–Neapel	238 km	6:14:48	Rik van Steenbergen (BE)	Giancarlo Astrua (IT)
7. Neapel–Roccaraso	140 km	4:49:30	Giorgio Albani (IT)	Giancarlo Astrua (IT)
8. Sulmona–Ancona	224 km	5:40:55	Rino Benedetti (IT)	Giancarlo Astrua (IT)
9. Ancona–Riccione	250 km	6:38:09	Rik van Steenbergen (BE)	Giancarlo Astrua (IT)
10. Riccione–Venedig	285 km	8:48:25	Rik van Steenbergen (BE)	Fausto Coppi (IT)
11. Venedig–Bozen	276 km	8:49:00	Fausto Coppi (IT)	Fausto Coppi (IT)
12. Bozen–Bergamo	226 km	6:53:03	Oreste Conte (IT)	Fausto Coppi (IT)
13. Bergamo–Como	143 km	3:38:43	Alfredo Pasotti (IT)	Fausto Coppi (IT)
14. Erba–Como (EZ)	65 km	1:32:25	Fausto Coppi (IT)	Fausto Coppi (IT)
15. Como–Genua	247 km	7:11:08	Giuseppe Minardi (IT)	Fausto Coppi (IT)
16. Genua–San Remo	141 km	3:26:27	Annibale Brasola (IT)	Fausto Coppi (IT)
17. San Remo–Cuneo	190 km	5:13:57	Nino Defilippis (IT)	Fausto Coppi (IT)
18. Cuneo–St-Vincent	190 km	5:06:04	Pasquale Fornara (IT)	Fausto Coppi (IT)
19. St-Vincent–Verbania	298 km	10:05:37	Fritz Schär (CH)	Fausto Coppi (IT)
20. Verbania–Mailand	147 km	4:19:21	Antonio Bevilacqua (IT)	Fausto Coppi (IT)

Gesamtklassement	
1. Fausto Coppi (IT)	114:36:43
2. Fiorenzo Magni (IT)	+9:18
3. Ferdy Kübler (CH)	+9:24
4. Donato Zampini (IT)	+10:29
5. Gino Bartali (IT)	+10:33
6. Stan Ockers (BE)	+10:58
7. Giancarlo Astrua (IT)	+14:30
8. Hugo Koblet (CH)	+14:38
9. Raphaël Geminiani (FR)	+16:44
23. Carlo Clerici (IT)	+35:29
27. Fritz Schär (CH)	+39:57
38. Rik van Steenbergen (BE)	+57:11
39. Gottfried Weilenmann (CH)	+58:12
84. Emilio Croci-Torti (CH)	+2:13:26
85. Eugen Kamber (CH)	+2:16:30
90. Georges Aeschlimann (CH)	+2:32:20

Gestartet: 112 Fahrer – klassiert: 91 Fahrer
Totaldistanz: 3964 km
Gesamtdurchschnitt: 34,560 km/h

1952 Tour de Suisse

Etappe	Distanz	Zeit	Sieger	Leader
1. Zürich–Basel	249 km	6:46:35	Désiré Keteleer (BE)	Désiré Keteleer (BE)
2. Basel–Le Lecle	220 km	6:26:30	Fritz Schär (CH)	Désiré Keteleer (BE)
3. Le Locle–Adelboden	204 km	5:38:46	Walter Diggelmann (CH)	Désiré Keteleer (BE)
4. Adelboden–Monthey	235 km	6:15:29	Jean Goldschmit (LUX)	Jean Goldschmit (LUX)
5. Monthey–Crans (EZ)	81 km	2:22:20	Pasquale Fornara (IT)	Pasquale Fornara (IT)
6. Crans–Locarno	201 km	5:25:48	Ferdy Kübler (CH)	Pasquale Fornara (IT)
7. Locarno–Arosa	177 km	6:22:33	Pasquale Fornara (IT)	Pasquale Fornara (IT)
8. Arosa–Zürich	241 km	6:53:06	Emilio Croci-Torti (CH)	Pasquale Fornara (IT)

Gesamtklassement	
1. Pasquale Fornara (IT)	46:13:25
2. Ferdy Kübler (CH)	+4:57
3. Carlo Clerici (IT)	+6:56
7. Fritz Schär (CH)	+20:26

Gestartet: 75 Fahrer – klassiert: 45 Fahrer
Totaldistanz: 1608 km
Gesamtdurchschnitt: 34,780 km/h

1953 Giro d'Italia

Etappe	Distanz	Zeit	Sieger	Leader
1. Mailand–Abano Terme	263 km	6:37:10	Wim van Est (NL)	Wim van Est (NL)
2. Abano Terme–Rimini	278 km	7:48:00	Pasquale Fornara (IT)	Guido de Santi (IT)
3. Rimini–San Benedetto del Tronto	182 km	5:05:23	Albino Crespi (IT)	Guido de Santi (IT)
4. San Benedetto–Roccaraso	171 km	5:22:38	Fausto Coppi (IT)	Pasquale Fornara (IT)
5. Roccaraso–Neapel	142 km	4:01:05	Ettore Milano (IT)	Pasquale Fornara (IT)
6. Neapel–Rom	285 km	8:14:18	Minardi Pipazza (IT)	Guido de Santi (IT)
7. Rom–Grosseto	178 km	5:13:35	Giovanni Corriere (IT)	Giovanni Corriere (IT)
8. Grosseto–Follonica (EZ)	48 km	1:12:01	Hugo Koblet (CH)	Hugo Koblet (CH)
9. Follonica–Pisa	114 km	2:59:51	Rik van Steenbergen (BE)	Hugo Koblet (CH)
10. Pisa–Modena	189 km	5:10:03	Fiorenzo Magni (IT)	Hugo Koblet (CH)
11. Autodrom Modena (MZ)	30 km	37:45	Team Bianchi (Coppi)	Hugo Koblet (CH)
12. Modena–Genua	278 km	8:33:23	Giorgio Albani (IT)	Hugo Koblet (CH)
13. Genua–Bordighera	256 km	8:35:06	Oreste Conte (IT)	Hugo Koblet (CH)
14. Bordighera–Turin	242 km	7:06:04	Pietro Giudici (IT)	Hugo Koblet (CH)
15. Turin–San Pellegrino	232 km	6:10:45	Nino Asirelli (IT)	Hugo Koblet (CH)
16. San Pellegrino–Riva del Garda	279 km	8:34:50	Fiorenzo Magni (IT)	Hugo Koblet (CH)
17. Riva del Garda–Vicenza	166 km	4:34:16	Bruno Monti (IT)	Hugo Koblet (CH)
18. Vicenza–Auronzo	186 km	5:21:15	Bruno Monti (IT)	Hugo Koblet (CH)
19. Auronza–Bozen	164 km	5:19:29	Fausto Coppi (IT)	Hugo Koblet (CH)
20. Bozen–Bormio	125 km	4:51:32	Fausto Coppi (IT)	Fausto Coppi (IT)
21. Bormio–Mailand	220 km	6:36:00	Fiorenzo Magni (IT)	Fausto Coppi (IT)

Gesamtklassement	
1. Fausto Coppi (IT)	118:37:26
2. Hugo Koblet (CH)	+ 1:29
3. Pasquale Fornara (IT)	+ 6:55
4. Gino Bartali (IT)	+ 14:08
5. Angelo Conterno (IT)	+ 20:51
6. Stan Ockers (BE)	+ 24:14
7. Giovanni Roma (IT)	+ 24:35
8. Guido de Santi (IT)	+ 25:06
9. Fiorenzo Magni (IT)	+ 25:39
10. Vittorio Rossello (IT)	+ 26:21
11. Pietro Giudici (IT)	+ 29:02
12. Nino Defilppis (IT)	+ 29:26
13. Wim van Est (NL)	+ 29:57
14. Fritz Schär (CH)	+ 30:32
44. Rik van Steenbergen (BE)	+ 1:23:48
55. Remo Pianezzi (CH)	+ 1:50:13
69. Walter Diggelmann (CH)	+ 2:54:25

Gestartet: 112 Fahrer – klassiert: 72 Fahrer
Totaldistanz: 4028 km
Gesamtdurchschnitt: 34,020 km/h

1953 Tour de Suisse

Etappe	Distanz	Zeit	Sieger	Leader
1. Zürich–Brugg	238 km	6:26:39	Fritz Schär (CH)	Fritz Schär (CH)
2. Brugg–Rheinfelden	241 km	6:32:46	Omer van der Voorden (BE)	Fritz Schär (CH)
3. Rheinfelden–Solothurn (EZ)	78 km	1:46:25	Hugo Koblet (CH)	Hugo Koblet (CH)
4. Solothurn–Lausanne	253 km	7:07:07	Alfredo Pasotti (IT)	Hugo Koblet (CH)
5. Lausanne–Luzern	295 km	8:52:27	Martin Metzger (CH)	Hugo Koblet (CH)
6. Luzern–Bellinzona	189 km	5:22:37	Hugo Koblet (CH)	Hugo Koblet (CH)
7. Bellinzona–St. Moritz	215 km	7:02:18	Martin Metzger (CH)	Hugo Koblet (CH)
8. St. Moritz–Zürich	253 km	7:05:12	Hugo Koblet (CH)	Hugo Koblet (CH)

Gesamtklassement	
1. Hugo Koblet (CH)	50:22:11
2. Fritz Schär (CH)	+ 18:40
3. Danilo Barozzi (IT)	+ 23:20
4. Carlo Clerici (CH)	+ 24:28

Gestartet: 76 Fahrer – klassiert: 54 Fahrer
Totaldistanz: 1762 km
Gesamtdurchschnitt: 34,980 km/h

1954 Giro d'Italia

Etappe	Distanz	Zeit	Sieger	Leader
1. Palermo (MZ)	36 km	50:18	Team Bianchi (Coppi)	Fausto Coppi (IT)
2. Palermo–Taormina	280 km	8:08:19	Giuseppe Minardi (IT)	Fausto Coppi (IT)
3. Reggio Calabria–Catanzaro	172 km	5:20:04	Nino Defilippis (IT)	Giuseppe Minardi (IT)
4. Catanzaro–Bari	352 km	11:30:07	Angelo Conterno (IT)	Giuseppe Minardi (IT)
5. Bari–Neapel	279 km	7:45:29	Rik van Steenbergen (BE)	Gerrit Voorting (NL)
6. Neapel–L'Aquila	252 km	7:03:50	Carlo Clerici (CH)	Carlo Clerici (CH)
7. L'Aquila–Rom	150 km	3:40:40	Giorgio Albani (IT)	Carlo Clerici (CH)
8. Rom–Chianciano	195 km	5:56:18	Giovanni Pettinati (IT)	Carlo Clerici (CH)
9. Chianciano–Florenz	174 km	5:06:56	Giovanni Corrieri (IT)	Carlo Clerici (CH)
10. Florenz–Cesenatico	211 km	6:15:25	Pietro Giudici (IT)	Carlo Clerici (CH)
11. Cesenatico–Abetone	230 km	7:04:10	Mauro Gianneschi (IT)	Carlo Clerici (CH)
12. Abetone–Genua	251 km	6:54:14	Hilaire Couvreur (BE)	Carlo Clerici (CH)
13. Genua–Turin	211 km	5:33:58	Wout Wagtmans (NL)	Carlo Clerici (CH)
14. Turin–Brescia	240 km	6:33:45	Annibale Brasola (IT)	Carlo Clerici (CH)
15. Gardone–Riva del Garda (EZ)	42 km	55:10	Hugo Koblet (CH)	Carlo Clerici (CH)
16. Riva del Garda–Abano Terme	131 km	3:40:51	Rik van Steenbergen (BE)	Carlo Clerici (CH)
17. Abano Terme–Padova	100 km	2:40:18	Rik van Steenbergen (BE)	Carlo Clerici (CH)
18. Padova–Grado	177 km	4:38:20	Alfredo Grosso (IT)	Carlo Clerici (CH)
19. Grado–San Martino di Castrozza	247 km	7:22:40	Wout Wagtmans (NL)	Carlo Clerici (CH)
20. San Martino di Castrozza–Bozen	152 km	4:44:56	Fausto Coppi (IT)	Carlo Clerici (CH)
21. Bozen–St. Moritz	222 km	9:24:57	Hugo Koblet (CH)	Carlo Clerici (CH)
22. St. Moritz–Mailand	222 km	6:12:54	Rik van Steenbergen (BE)	Carlo Clerici (CH)

Gesamtklassement	
1. Carlo Clerici (CH)	129:13:07
2. Hugo Koblet (CH)	+ 24:16
3. Nino Assirelli (IT)	+ 26:28
4. Fausto Coppi (IT)	+ 31:17
5. Giancarlo Astrua (IT)	+ 33:09
6. Fiorenzo Magni (IT)	+ 34:01
7. Gerrit Voorting (NL)	+ 35:02
8. Pasquale Forrnara (IT)	+ 35:21
9. Fritz Schär (CH)	+ 40:51
10. Angelo Conterno (IT)	+ 41:07
11. Agostino Coletto (IT)	+ 43:47
13. Gino Bartali (IT)	+ 50:11
16. Gastone Nencini (IT)	+ 53:29
29. Martin Metzger (CH)	+ 1:17:14
31. Rik van Steenbergen (BE)	+ 1:19:25
36. Marcel Huber (CH)	+ 1:30:41
63. Emilio Croci-Torti (CH)	+ 2:45:08
65. Remo Pianezzi (CH)	+ 2:55:31

Gestartet: 105 Fahrer – klassiert: 67 Fahrer
Totaldistanz: 4326 km
Gesamtdurchschnitt: 33,563 km/h

1955 Tour de Suisse

Etappe	Distanz	Zeit	Sieger	Leader
1. Zürich–Baden	218 km	5:52:18	Fritz Schär (CH)	Fritz Schär (CH)
2. Baden–Delsberg	220 km	5:50:21	Hugo Koblet (CH)	Fritz Schär (CH)
3. Delsberg–Genf	234 km	6:54:11	Edgar Sorgeloos (BE)	Edgar Sorgeloos (BE)
4. Genf–Sitten	268 km	8:02:27	Arrigo Padovan (IT)	Hugo Koblet (CH)
5. Sitten–Locarno	202 km	5:51:48	Ferdy Kübler (CH)	Hugo Koblet (CH)
6. Locarno–Bad Ragaz	188 km	5:51:19	René Strehler (CH)	Hugo Koblet (CH)
7. Bad Ragaz–Luzern	235 km	6:56:32	Marcel Ernzer (LUX)	Hugo Koblet (CH)
8. Luzern–Zürich (EZ)	83 km	2:05:14	Jean Brankart (BE)	Hugo Koblet (CH)

Gesamtklassement	
1. Hugo Koblet (CH)	47:27:41
2. Stan Ockers (BE)	+5:48
3. Carlo Clerici (CH)	+6:16
4. Ferdy Kübler (CH)	+8:26

Gestartet: 78 Fahrer, Klassiert: 48 Fahrer
Totaldistanz: 1648 km
Gesamtdurchschnitt: 34,720 km/h

1955 Giro d'Italia

Etappe	Distanz	Zeit	Sieger	Leader
1. Mailand–Turin	163 km	3:51:10	Guido Messina (IT)	Guido Messina (IT)
2. Turin–Cannes	243 km	7:05:09	Fiorenzo Magni (IT)	Fiorenzo Magni (IT)
3. Cannes–San Remo	132 km	2:50:18	Nino Defilippi (IT)	Fiorenzo Magni (IT)
4. San Remo–Acqui Terme	192 km	5:11:22	Alessandro Fantini (IT)	Fiorenzo Magni (IT)
5. Acqui Terme–Genua	170 km	4:24:41	Giancarlo Astrua (IT)	Fiorenzo Magni (IT)
6. Genua–Lido d'Albaro (MZ)	18 km	23:40	Team Torpado (Defilippis)	Fiorenzo Magni (IT)
7. Genua–Viareggio	164 km	4:19:54	Giovanni Corrieri (IT)	Fiorenzo Magni (IT)
8. Viareggio–Perugia	260 km	7:20:47	Rino Benedetti (IT)	Fiorenzo Magni (IT)
9. Perugia–Rom	174 km	4:40:52	Giuseppe Nencini (IT)	Fiorenzo Magni (IT)
10. Rom (Circuit Frascati)	207 km	6:10:53	Bernardo Ruiz (ESP)	Bruno Monti (IT)
11. Rom–Neapel	242 km	7:26:22	Vincenzo Zuconelli (IT)	Bruno Monti (IT)
12. Neapel–Scanno	216 km	6:45:46	Gastone Nencini (IT)	Raphaël Geminiani (FR)
13. Scanno–Ancona	251 km	6:46:38	Giorgio Albani (IT)	Raphaël Geminiani (FR)
14. Ancona–Cervia Pineta	173 km	4:19:16	Giuseppe Minardi (IT)	Raphaël Geminiani (FR)
15. Cervia Pineta–Ravenna (EZ)	50 km	1:07:48	Pasquale Fornara (IT)	Gastone Nencini (IT)
16. Ravenna–Lido di Jesolo	245 km	6:45:37	Rino Benedetti (IT)	Gastone Nencini (IT)
17. Lido di Jesolo–Triest	150 km	4:30:15	Alessandro Fantini (IT)	Gastone Nencini (IT)
18. Triest–Cortona d'Ampezzo	236 km	7:28:34	Angelo Conterno (IT)	Gastone Nencini (IT)
19. Cortina d'Ampezzo–Trento	227 km	7:34:19	Jean Dotto (FR)	Gastone Nencini (IT)
20. Trento–San Pellegrino	216 km	5:43:06	Fausto Coppi (IT)	Fiorenzo Magni (IT)
21. San Pellegrino–Mailand	141 km	3:35:50	Hugo Koblet (CH)	Fiorenzo Magni (IT)

Gesamtklassement	
1. Fiorenzo Magni (IT)	108:56:13
2. Fausto Coppi (IT)	+0:13
3. Gastone Nencini (IT)	+4:08
4. Raphaël Geminiani (FR)	+4:51
5. Agostino Coletto (IT)	+7:19
6. Aldo Moser (IT)	+8:01
7. Pasquale Fornara (IT)	+9:16
8. Salvador Botella (IT)	+14:10
9. Wout Wagtmans (HO)	+16:03
10. Hugo Koblet (CH)	+20:16
12. Bruno Monti (IT)	+29:16
26. Carlo Clerici (CH)	+55:35
54. Fausto Lurati (CH)	+1:26:38
66. Remo Pianezzi (CH)	+1:43:40
69. Emilio Croci-Torti (CH)	+1:54:19
79. Otto Meili (CH)	+2:21:31
83. Max Schellenberg (CH)	+2:29:43

Gestartet: 98 Fahrer – klassiert: 86 Fahrer
Totaldistanz: 3729 km
Gesamtdurchschnitt: 35,550 km/h

EZ = Einzelzeitfahren, MZ = Mannschaftszeitfahren

Palmarès

1943 als Anfänger

1. Hasenberg-Bergzeitfahren Dietikon
1. Grosser Jelmoli-Preis Zürich

1944 als Junior

1. Vier-Kantone-Rundfahrt Zürich
1. Kriterium Mendrisio
1. Schweizer Meister Mannschaftsfahren Strasse RVZ
2. Grand Prix des Hôtels Fribourg
2. Tessiner Rundfahrt

1945 als Amateur

1. Schweizer Meisterschaft Verfolgung Amateure
1. Tessiner-Rundfahrt, 1. Etappe
1. Kriterium Fribourg
1. Bahnrennen Genf
1. Zeitfahren, Omnium Zürich
1. Verfolgung Paris
1. Américaine Paris mit Oscar Plattner

1946 als Berufsfahrer

1. Omnium Zürich
2. Schweizer Meisterschaft Verfolgung

1947

1. Schweizer Meisterschaft Verfolgung
1. Vierkantone-Rundfahrt Zürich
Tour de Suisse, Aufgabe 5. Etappe
  1. 1. Etappe, 1. Teilstück, Zürich-Siebnen
  8. 2. Etappe Davos-Bellinzona
  11. 3. Etappe Bellinzona-Sion
  13. 4. Etappe Sion-Biel
1. Kriterium Nyon
1. Kriterium Le Locle
1. Kriterium Oftringen
1. Kriterium Baden
3. Weltmeisterschaft Verfolgung, Paris
3. Zürich-Lausanne
14. Meisterschaft von Zürich
29. Tour de Romandie, Gesamtklassement
  1. 1. Etappe, 1. Teilstück, Genf-Morges (MZ)
  4. 3. Etappe, 1. Teilstück, Freiburg-Bassecourt
  5. 4. Etappe, 1. Teilstück, Le Locle-Genf
  18. 2. Etappe Sion-Freiburg
  21. 3. Etappe, 2. Teilstück, Bassecourt-Le Locle
  40. 1. Etappe, 2. Teilstück, Morges-Sion
34. Mailand-San Remo

1948

1. Schweizer Meisterschaft Verfolgung
1. Kriterium Lausanne
1. Kriterium Genf
1. Sechstagerennen Chicago mit Walter Diggelmann
2. Mailand-Zürich (1. 1. Etappe, 3. 2. Etappe)
4. Weltmeisterschaft Verfolgung, Amsterdam
10. Tour de Suisse, Gesamtklassement
  1. 5. Etappe Altdorf-Lugano
  3. 4. Etappe Thun-Altdorf
  3. 7. Etappe, 1. Teilstück, Arosa-Flawil
  3. 7. Etappe, 2. Teilstück, Flawil-Zürich
  6. 6. Etappe Lugano-Arosa
  7. 3. Etappe La Chaux-de-Fonds-Morges
  11. 1. Etappe, 2. Teilstück, Olten-Basel
  18. 1. Etappe, 1. Teilstück, Zürich-Olten
12. Meisterschaft von Zürich
12. Tour de Romandie, Gesamtklassement
  1. 4. Etappe, 2. Teilstück, Kriterium Lancy
  2. 1. Etappe Genf-Aigle
  13. 2. Etappe Montana-Pruntrut

1949

1. Schweizer Meisterschaft Verfolgung
1. Sechstagerennen New York mit Walter Diggelmann
14. Tour de Romandie, Gesamtklassement
  1. 3. Etappe Pruntrut-Payerne
  3. 1. Etappe Mannschaftszeitfahren mit Cilo
  13. 2. Etappe Sion-Pruntrut
  24. 2. Etappe Thonon-Sion
  24. 4. Etappe Payerne-Genf
3. Grand Prix de Suisse, Zürich
8. Quer durch Lausanne

1950

1. Schweizer Meisterschaft Verfolgung
1. Giro d'Italia, Gesamtklassement
  1. 6. Etappe Turin-Locarno
  1. 8. Etappe Brescia-Venedig
  2. 4. Etappe Livorno-Genua
  2. 9. Etappe Vicenza-Bozen
  4. 16. Etappe L'Aquila-Campobasso
  6. 18. Etappe Neapel-Rom
  13. 1. Etappe Mailand-Salsomaggiore
  13. 3. Etappe Florenz-Livorno
  14. 12. Etappe Ferrara-Rimini
  14. 17. Etappe Campobasso-Neapel
  15. 7. Etappe Locarno-Brescia
  17. 10. Etappe Bozen-Mailand
  17. 13. Etappe Rimini-Arezzo
  19. 11. Etappe Mailand-Ferrara
  21. 14. Etappe Arezzo-Perugia
  21. 5. Etappe Genua-Turin
  29. 15. Etappe Perugia-L'Aquila
  32. 2. Etappe Salsomaggiore-Florenz
1. Tour de Suisse, Gesamtklassement
  1. 4. Etappe, 1. Teilstück, Genf-Lausanne
  1. 4. Etappe, 2. Teilstück, Lausanne-Gstaad
  1. 6. Etappe Luzern-Bellinzona
  3. 5. Etappe Gstaad-Luzern
  5. 7. Etappe Bellinzona-St. Moritz
1. Grand Prix de Suisse, Zürich
1. Sechstagerennen Hannover mit Armin von Büren
1. Grand Prix Lyss-Payerne
1. Grand Prix Aarau
1. Grand Prix Basel
1. Critérium de Delgess
1. Omnium Zürich
1. Omnium de Cavaillon
1. Kriterium International Zürich
2. Tour de Romandie, Gesamtklassement
  2. 2. Etappe Sierre-St-Imier
  3. 1. Etappe, 1. Teilstück, Genf-Vevey
  5. 4. Etappe Vallorbe-Genf
  6. 1. Etappe, 2. Teilstück, Vevey-Sierre
  14. 3. Etappe St-Imier-Vallorbe
2. Grand Prix Le Locle
3. Grand Prix Lugano
3. Sechstagerennen Paris mit Armin von Büren
3. Gesamtwertung Challenge Desgrange-Colombo
4. Sechstagerennen Antwerpen mit Armin von Büren
6. Trofeo Baracchi mit Jean Brun
13. Grand Prix des Nations, Paris

1951

1. Schweizer Meisterschaft Verfolgung
1. Tour de France, Gesamtklassement
  1. 7. Etappe Rennes-Angers
  1. 11. Etappe Brive-Agen
  1. 14. Etappe Tarbes-Luchon
  1. 16. Etappe Carcassonne-Montpellier
  1. 22. Etappe Aix-les-Bains-Genf
  3. 20. Etappe Gap-Briançon
  4. 5. Etappe Paris-Caen
  4. 9. Etappe Limoges-Clermond-Ferrand
  5. 17. Etappe Montpellier-Avignon
  6. 2. Etappe Reims-Gent
  7. 19. Etappe Marseille-Gap
  7. 24. Etappe Dijon-Paris
  9. 3. Etappe Gent-Le Triport
  9. 4. Etappe Le Tripot-Paris
  11. 21. Etappe Briançon-Aix-les-Bains
  12. 13. Etappe Dax-Tarbes
  13. 10. Etapppe Clermont-Ferrand-Brive
  14. 1. Etappe Metz-Reims
  18. 18. Etappe Avignon-Marseille
  23. 12. Etappe Agen-Dax
  23. 15. Etappe Luchon-Carcassonne
  24. 8. Etappe Angers-Limoges
  25. 23. Etappe Genf-Dijon
  27. 6. Etappe Caen-Rennes
1. Grand Prix des Nations, Paris
1. Grand Prix de Suisse, Zürich
1. Critérium des As
1. Grand Prix du Centenaire, Brüssel
1. Wien

1. Nizza
1. Challenge Edmond Gentil
2. Tour de Romandie, Gesamtklassement
    3. 1. Etappe, 2. Teilstück, Vevey–Fully
    3. 2. Etappe Fully–Genf
    3. 4. Etappe Pruntrut–Genf
    8. 3. Etappe Genf–Pruntrut
2. Tour de Suisse, Gesamtklassement
    1. 2. Etappe, 2. Teilstück, Basel–Boncourt
    1. 7. Etappe, Lugano–Davos
    2. 4. Etappe Bern–Gstaad
    3. 2. Etappe, 1. Teilstück, Aarau–Basel
    4. 5. Etappe Gstaad–Luzern
    6. 3. Etappe Boncourt–Bern
    6. 6. Etappe Luzern–Lugano
    10. 8. Etappe Davos–Zürich
    14. 1. Etappe Zürich–Aarau
2. Weltmeisterschaft Verfolgung, Mailand
2. Grand Prix Lugano
2. Circuit de Nyon
2. Grand Prix Le Locle
2. Sechstagerennen Frankfurt mit Armin von Büren
4. Meisterschaft von Zürich
4. Gesamtwertung Challenge Desgrange–Colombo
6. Giro d'Italia, Gesamtklassement
    1. 19. Etappe Bozen–St. Moritz
    3. 6. Etappe Perugia–Terni
    3. 18. Etappe Cortina d'Ampezzo–Bozen
    8. 12. Etappe Rimini–San Marino
    8. 14. Etappe Bologna–Brescia
7. Strassenrennen Neuenburg–Genf

1952

1. Schweizer Meisterschaft Verfolgung
1. Meisterschaft von Zürich
1. Sechstagerennen Dortmund mit Armin von Büren
1. Sechstagerennen Frankfurt mit Armin von Büren
2. Critérium de Baie
2. Tour de Romandie, Gesamtklassement
    1. 4. Etappe Biel–Payerne
    4. 3. Etappe, 2. Teilstück, Yverdon–Biel
    5. 3. Etappe, 1. Teilstück, Genf–Yverdon
    7. 2. Etappe Martigny–Genf
    9. 1. Etappe Payerne–Martigny
8. Giro d'Italia, Gesamtklassement
    2. 14. Etappe Erba–Como
    6. 7. Etappe Neapel–Rccarasco
    9. 20. Etappe Verbania–Mailand
    Tour de Suisse, Aufgabe 6. Etappe
    3. 2. Etappe, Basel–Le Locle
    5. 3. Etappe, Le Locle–Adelboden
    8. 1. Etappe, Zürich–Basel
    11. 4. Etappe Adelboden–Monthey
    14. 5. Etappe Monthey–Crans
5. Sechstagerennen Paris mit Lucien Gillen (LUX)

1953

1. Schweizer Meisterschaft Verfolgung
1. Europameister Américaine mit Armin von Büren
1. Tour de Romandie, Gesamtklassement
    1. 1. Etappe Martigny–Pruntrut
    1. 2. Etappe Pruntrut–Genf
    1. 3. Etappe, 1. Teilstück, Genf–Lausanne
    3. 4. Etappe Murten–Martigny
1. Tour de Suisse, Gesamtklassement
    1. 3. Etappe Rheinfelden–Solothurn
    1. 6. Etappe Luzern–Bellinzona
    1. 8. Etappe St. Moritz–Zürich
    2. 1. Etappe Zürich–Brugg
    2. 2. Etappe Brugg–Rheinfelden
    2. 4. Etappe Solothurn–Lausanne
    2. 7. Etappe Bellinzona–St. Moritz
1. Sechstagerennen Frankfurt mit Armin von Büren
1. Sechstagerennen Brüssel mit Armin von Büren
1. Strassenrennen Schaffhausen
1. Strassenrennen Neuhausen
2. Giro d'Italia, Gesamtklassement
    1. 8. Etappe Grossetto–Follonica
    2. 2. Etappe Albano–Rimini
    2. 19. Etappe Auronzo–Bozen
    3. 18. Etappe Vicenza–Auronzo
    4. 20. Etappe Bozen–Bormio
    6. 4. Etappe San Benedetto del Tronto–Roccaraso
    7. 15. Etappe Turin–San Pellegrino
    8. 16. Etappe San Pellegrino–Riva del Garda
    9. 7. Etappe Rom–Grossetto
    10. 6. Etappe Neapel–Rom
2. Sechstagerennen Dortmund mit Armin von Büren
3. Sechstagerennen Antwerpen mit Armin von Büren
4. Gesamtwertung Rom–Neapel–Rom
7. Critérium à Daumesnil
    Tour de France, Aufgabe 10. Etappe
    2. 9. Etappe Bordeaux–Pau
    4. 2. Etappe Metz–Liège
    7. 4. Etappe Lille–Dieppe
    8. 7. Etappe Le Mans–Nantes
    9. 5. Etappe Dieppe–Caen

1954

1. Schweizer Meisterschaft Verfolgung
1. Europameisterschaft Américaine mit Armin von Büren
1. Meisterschaft von Zürich
1. Sassari–Cagliari
1. Sechstagerennen Zürich mit Armin von Büren
1. Grand Prix Martini Genf
1. Grand Prix Suisse Zürich
1. Locarno
1. Lausanne
2. Giro d'Italia, Gesamtklassement
    1. 15. Etappe Gardone–Riva Garda
    1. 21. Etappe Bozen–St. Moritz
    2. 7. Etappe L'Aquila–Rom
    3. 20. Etappe San Martino di Castrozza–Bozen
    4. 22. Etappe St. Moritz–Mailand
    6. 1. Etappe Palermo–Monte Pellegrina
    6. 2. Etappe Palermo–Taormina
    6. 12. Etappe Abetone–Genua
    8. 11. Etappe Cesenatico–Abetone
2. Weltmeisterschaft Verfolgung, Köln
3. Dreitagerennen Antwerpen
3. Sechstagerennen Frankfurt mit Armin von Büren
3. Critérium des As
3. Trofeo Baracchi mit Ferdy Kübler
4. Schweizer Meisterschaft Strasse
7. Rom–Neapel–Rom
9. Gesamtwertung Challenge Desgrange–Colombo
12. Mailand–San Remo
13. Tour de Romandie
    1. 3. Etappe Nyon–Lausanne
    2. 4. Etappe Vallorbe–Le Locle
19. Paris–Roubaix
    Tour de France, Aufgabe 13. Etappe
    1. 4.a Etappe, 1. Teilstück, Les Essarts–Les Essarts
    2. 6. Etappe St-Brieuc–Brest
    3. 2. Etappe Beveren–Lille
    10. 4.b Etappe, 2. Teilstück, Rouen–Caen

1955

1. Schweizer Meisterschaft Strasse
1. Tour de Suisse, Gesamtklassement
    1. 2. Etappe Baden–Delsberg
    2. 4. Etappe Genf–Sitten
    2. 5. Etappe Sitten–Locxarno
    2. 8. Etappe Luzern–Zürich
    3. 6. Etappe Locarno–Bad Ragaz
1. Championat d'Hiver Paris
1. Tessiner Rundfahrt
1. Sechstagerennen Dortmund mit Armin von Büren
1. Américaine Zürich mit Armin von Büren und Walter Zehnder
1. Américaine Basel mit Armin von Büren
1. Kriterium Winterthur
1. Grand Prix d'Ussel
1. Critérium de Sète
2. Tour de Romandie, Gesamtweretung
    1. 3. Etappe, 2. Teilstück, Freiburg–Freiburg–Bulle–Freiburg
    3. 3. Etappe, 1. Teilstück, St-Croix–Freiburg
2. Flandern-Rundfahrt
2. Schweizer-Mesterschaft Verfolgung
2. Kriterium Neapel
3. Critérium de Monthléry
3. Kriterium Sassari
4. Gesamtwertung Challenge Desgrange–Colombo
4. Sechstagerennen Frankfurt mit Armin von Büren
5. Sechstagerennen Münster mit Armin von Büren

5. Rom–Neapel–Rom
5. Paris–Roubaix
6. Sechstagerennen Zürich mit Armin von Büren
9. Sechstagerennen Paris mit Armin von Büren
10. Giro d'Italia, Gesamtklassement
    1. 21. Etappe San Pellegrino–Mailand
    3. 6. Etappe Genua/Lido d'Albaro
    3. 19. Etappe Cortina d'Ampezzo–Trento
    4. 3. Etappe Cannes–San Remo
    4. 7. Etappe Genua–Viareggio
    4. 20. Etappe Trento–San Pellegrino
    5. 15. Etappe Cervia Pineta–Ravenna
    5. 16. Etappe Ravenna–Lido di Jesolo
    8. 17. Etappe Lido di Jesolo–Triest
    9. 5. Etappe Acqui Terme–Genua
17. Mailand–San Remo

1956

1. Grand Prix Ravenna
1. Omnium Sotteville mit Ferdy Kübler
1. 2x Américaine Basel mit Armin von Büren
1. Américaine Brüssel mit Armin von Büren
1. Américaine Paris mit Armin von Büren
1. Américaine Gent mit Armin von Büren
1. Américaine Antwerpen mit Armin von Büren
1. 2x Américaine Zürich mit Armin von Büren
1. 9. Etappe Spanien-Rundfahrt, Aufgabe 11. Etappe
2. Grand Prix Winterthur
3. Schweizer Meisterschaft Américaine mit Walter Bucher
4. Sechstagerennen Zürich mit Ferdy Kübler
4. Köln–Monzese
5. Sechstagerennen Antwerpen mit Armin von Büren
5. Eropa-Kriterium Basel
14. Holland-Rundfahrt

1957

1. Kriterium Cagliari
1. Américaine Zürich mit Armin von Büren
1. Américaine Basel mit Walter Bucher
1. Américaine Kopenhagen mit Walter Bucher
2. Schweizer Meisterschaft Verfolgung
2. Schweizer Meisterschaft Steher
2. Kriterium Sassari
3. Schweizer Meisterschaft Américaine mit Armin von Büren
3. Tour de Romandie, Gesamtklassement
    3. 3. Etappe, 2. Teilstück, Martigny–Martigny
    5. 4. Etappe Martigny–Lausanne
6. Mailand–Turin
8. Sassari–Cagliari
12. Meisterschaft von Zürich
17. Mailand–San Remo

1958

1. Kriterium Locarno
1. Circuit d'Annemasse
1. Omnium Zürich
1. Etappe du Grand Prix de Medellin
2. Kriterium Barcelona
2. Kriterium Bilbao
5. Roue d'Or à Daumesnil mit Charly Gaul

Strassentafel beim Hallenstadion

Grabstein auf der offenen Radrennbahn Oerlikon

Denkmal auf dem Monte Ceneri

Dank

Ohne die grosszügige Unterstützung von Andy Rihs, Phonak cycling team, hätte das Buch in diesem Umfang und in dieser Ausstattung nicht erscheinen können. An dieser Stelle möchte ich diesem einmaligen Radsport-Mäzen meinen grossen Dank aussprechen. Herzlich danke ich auch den drei Autoren Sepp Renggli, Martin Born und Hanspeter Born, die immer wieder mit grossem Engagement auf meine zusätzlichen Wünsche eingegangen sind, sowie Heinz von Arx und Urs Bolz, die mit viel Enthusiasmus und Freude das Buch gestaltet haben. Das Resultat ist ein Werk, das Hugo Koblets Leistung würdig ist. Allen, die dazu beigetragen haben, bin ich sehr dankbar.

Das vorliegende Buch über Hugo Koblet konnte nur dank der Mithilfe vieler Personen realisiert werden. Zahlreiche Interviews, unzählige persönliche und telefonische Gespräche und viele Sitzungen fanden statt. Besonders wertvoll waren die vielen Gesprächsprotokolle, die Walter Bretscher für seinen geplanten, aber nicht realisierten Film über Hugo Koblet gesammelt hatte. Die Schwester Bretschers, den wir kurz vor seinem Tod noch besuchen konnten, stellte uns die ausführlichen Notizen zur Verfügung. Es ist deshalb dem Verlag und den Autoren ein grosses Anliegen, allen Beteiligten für ihr grosses Engagement zu danken: Max Aeberli, Ruedi Bernet, Kurt Blaser, Hans Bösch, Ernst Bretscher, Walter Bucher, Peter H. Cattaneo, Carlo Clerici, Renato di Lorenzi, Karl Foitek, Claude Frei, Otto Gebhardt, Gregory Germond, Sergio Gerosa, Gabor Horvat, Alois Iten, Peter Hugo Koblet, Sonja Koblet, Ferdy Kübler, Peter Larice, Ueli Luginbühl, Hans Martin †, Claudio Nembrini, Walter Reiser, Hans Riniker, Walter Scheiwiller, Kurt Schorrer, Christian Sprecher, Agnes Surber, Patrick Testuz, Armin von Büren, Gottfried Weilenmann, Jürg Woodtli u.v.a.

Nachwort

Als aktiver Hobbyradrennfahrer auf der Strasse und auf der Bahn und als ehemaliger Militärradfahrer, als Leser von Büchern und Zeitschriften über den Radsport sowie als eifriger Sammler von entsprechenden Dokumenten wie Programmheften, Autogrammkarten, Fotos und Zeitungsartikeln vermisste ich seit längerem ein deutschsprachiges Buch über Hugo Koblet. Nach der erfolgreichen Publikation des 1999 im AS Verlag erschienenen Werks «Tour de France – Auf den Spuren eines Mythos» ermunterten mich gleich gesinnte Freunde, einen Bildband über den «Pédaleur de charme» zu publizieren. Dieser Gedanke liess mich nicht mehr los, und ich begann, unzählige Briefe zu schreiben und Telefonate zu führen, um dann mit meinem Partner Heinz von Arx ein Konzept zu erarbeiten. Es sollte ein Werk entstehen, das der Persönlichkeit Hugo Koblets und seiner Bedeutung für den Schweizer Radsport würdig ist. Als ich Ferdy Kübler das Konzept und den ersten Entwurf präsentierte, lautete sein spontaner Kommentar: «Mach das Buch, Hugo hat es verdient!» Und so gab mir der «Fou pédaleur» den endgültigen Kick, dieses Buch über den «Pédaleur de charme» zu realisieren.

Bereits als Knabe war ich ein grosser Fan von Hugo Koblet. Aufgewachsen an der Wallisellenstrasse, erlebte ich 1953 hautnah die Ankunft der Tour de Suisse, als mein Idol allein mit einem grossen Vorsprung auf die Verfolger vor einem Spalier von begeisterten Zuschauern Richtung offene Rennbahn Oerlikon vorbeifuhr. 1954 nahmen mich meine Eltern am Samstagabend mit zum ersten Zürcher Sechstagerennen; ich erlebte dabei die einmalige Ambiance im ausverkauften Zürcher Hallenstadion mit all den berühmten Sixdays-Stars jener Zeit.

Unser – im Übrigen sehr sportlicher – Lehrer hatte wenig Verständnis für unsere Begeisterung. Seiner Meinung nach hatten es die Radrennfahrer nur in den Beinen. Der Zufall wollte es, dass wir an einem Winter-Sporttag zum Schlitteln auf der Forch waren und dort Hugo Koblet begegneten, der auf Langlaufskiern unterwegs war. Wir Schüler erkannten ihn sofort und umschwärmten unser Idol. Da stiess auch unser Lehrer zu uns, und es kam zu einem ausführlichen Gespräch zwischen ihm und Koblet. Anschliessend meinte er lakonisch, er habe gar nicht gewusst, dass Radrennfahrer so intelligent und gebildet seien. Von diesem Moment an hatte Koblet einen Fan mehr. Auch unser Lehrer ging nun regelmässig ins Hallenstadion, um ihn fahren zu sehen.

Ich hatte dann das Glück, für das Hallenstadion und für die offene Radrennbahn Oerlikon während sieben Jahren die Plakate in Oerlikon austragen zu dürfen. Dadurch hatte ich freien Eintritt zu allen Veranstaltungen und konnte viele Rennen mit Hugo Koblet miterleben.

Die Hauptkapitel in diesem Werk, das auch eine Art Hommage für den Helden meiner Jugendzeit ist, sind Hugo Koblets Erfolgen an der Tour de France, beim Giro d'Italia und an der Tour de Suisse gewidmet sowie seiner Karriere auf der Bahn. Sowohl den Autoren als auch mir ist es bewusst, dass viele seiner grossen Erfolge – wie zum Beispiel beim Grand Prix des Nations, beim Grand Prix Suisse, bei der Tour de Romandie und der Meisterschaft von Zürich, um nur einige zu nennen – lediglich am Rande erwähnt werden. Ich habe jedoch grossen Wert auf Hugo Koblets Palmarès gelegt, denn darin zeigt sich die enorme Leistung dieses Schweizer Ausnahme-Radrennfahrers, der während rund eines Jahrzehnts – und dies jeweils das ganze Jahr hindurch – auf der Strasse und auf der Bahn auf höchstem internationalem Niveau Radrennen bestritt.

Die Entstehung des vorliegenden Buches wäre in dieser Form gar nicht möglich gewesen ohne die Mithilfe zahlreicher Personen. Nach vierzig und mehr Jahren ist die Erinnerung nicht mehr in allen Punkten verlässlich. Es ist deshalb verständlich, dass die Aussagen der Zeitzeugen zum Teil widersprüchlich sind. Auch haben wir bei Bildlegenden oft falsche Namen oder Daten gefunden, was ebenfalls nicht überraschend ist: Ein einmal gemachter Fehler wird in der Folge immer und immer wieder übernommen. Für alle an diesem Buchprojekt Beteiligten bedeutete dies aber eine enorme Fleiss- und Recherchierarbeit, um der Wahrheit so nahe wie möglich zu kommen.

Zürich, im Juli 2005
Peter Schnyder
Herausgeber und Verleger

Literaturverzeichnis

Bücher:

Angermann, Klaus: Der Traum vom gelben Trikot. Moby Dick Verlag, 2003 Kiel.

Bergonzi, Pier / Castelnovi, Giuseppe: Giro d'Italia. SEP Editrice, Mailand 2000.

Bergonzi, Pier: Alftredo Martini racconta un secolo di ciclismo. SEP Editrice, Mailand 2001.

Blickensdörfer, Hans: Tour de France. Siegloch Edition, Künzelsau 1979.

Blickensdörfer, Hans: Tour de France. Union Verlag, Stuttgart 1963.

Bonomo, Oscar: Geschichte des Hallenstadions Zürich-Oerlikon. Verlag AG Hallenstadion, Zürich 1982.

Born, Hanspeter: Das waren noch Zeiten. Weltwoche-ABC-Verlag, Zürich 1990.

Bossdorf, Hagen / Bossdorf, Beate: Highlights Tour de France. SVB Sportverlag Berlin, Berlin 1999

Bosshard, Max: Rote Laternen. Verlag Zürcher Chronik, Winterthur 1995.

Bosshard, Walter / Eggenberger, Henry: Rennfahrer-Schicksale. Verlag Kurmann, Zürich 1950.

Bouvet, Philippe u. a.: 100 Jahre Tour de France. Delius Klasing Verlag, Bielefeld 2003.

Chany, Pierre. La Fabuleuse Histoire du Tour de France. Editions O.D.I.L., Paris 1983.

Clément, Georges: 100 Jahre Radfahrer-Verein Zürich. Radfahrer-Verein Zürich, Zürich 1993.

Fels, Hansjörg: 100 Jahre SRB 1883-1983. Schweiz. Rad- und Motorfahrerbund, Zürich 1983.

Koblet, Hugo: Mein schönster Sieg. Jean Frey AG, «Sport»-Verlag, Zürich 1951.

Koblet, Hugo: Sieg im Giro. Jean Frey AG, «Sport»-Verlag, Zürich 1950.

Koblet, Hugo: Unser Sieg im Giro. Jean Frey AG, «Sport»-Verlag, Zürich 1954.

Kroll, Ekkehard: Radsport Lexikon. Pietsch Verlag, Stuttgart 1993..

Kübler, Ferdynand: Training, Kämpfe, grosse Siege. Copress-Verlag, München 1963.

Leissl, Peter: Die legendären Anstiege der Tour de France. Covadonga, Bielefeld 2004.

Lemke, Walter: Fausto Coppi. Fuchs Verlag, Miesbach 1999.

Negri, Rino: I Leggendari. SEP Editrice, Mailand 2001.

Ollivier Jean-Paul: Giganten des Radsport. Moby Dick Verlag, Kiel 2003.

Ollivier, Jean-Paul: Hugo Koblet. PAC Editions, Paris 1982.

Ollivier, Jean-Paul: Le Tour de France et les Alpes. Libris, Seyssinet 2002.

Ollivier, Jean-Paul: Le Tour de France. Arthaud, Paris 2000.

Ollivier, Jean-Paul: Maillot Jaune. Sélection du Reader's Digest, Paris 1999.

Penot, Christophe: Le Cyclisme en 1000 photos. Editions Solar, Paris 2000.

Renggli, Sepp / Nötzli, Toni: Joseph Vögeli: Ein Leben für zwei Räder. Züri Woche Verlag, Glattbrugg 1993.

Renggli, Sepp: Schweizer Radsport gestern, heute, morgen. Silva Verlag, Zürich 1998.

Rottiers, Walter: Rik van Steenbergen. Covadonga, Bielefeld 2005.

Schoeller, Wilfried F.: Kleines Lexikon der Tour-Mythen. Eichborn, Frankfurt am Main 2003.

Schröder, Ralf / Dahlkamp, Hubert: Nicht alle Helden tragen Gelb. Verlag Die Werkstatt, Göttingen 2004.

Testuz, Patrick: Le Tour de Romandie. Trélex 2005.

Testuz, Patrick: Le Tour des Suisses. Trélex 2003.

Wehrle, Arnold: 40x Tour de Suisse. Organisation Tour de Suisse, Zürich 1976.

Wehrle, Arnold: 50 Jahre Tour de Suisse. Schweizer Verlagshaus, Zürich 1983.

Zeitschriften/Zeitungen:

Miroir Sprint, Nr. 265 bis , Paris 1951.

But Club - Le Miroir des Sports, Nr. 301 bis 308, Paris 1951.

Rad-Sport. Zürich, 1943 bis 1958.

Sport. Zürich, 1943 bis 1958.

Tip. Basel, 1947 bis 1958.

Offizielles Programm Tour de Suisse. Organisation Tour de Suisse, Zürich 1947 bis 1955.

Bildnachweis

Bretscher, Ernst: S. 198, 214 l
foto-net: Umschlagrückseite, S. 21, 37, 50/51, 63, 66 l, 78, 79, 87, 94, 98/99, 103, 104, 110, 112, 113, 114, 115, 118, 120, 121, 123, 130 r, 131, 132, 134, 135, 138/9, 142, 143, 145, 148, 149, 154, 159, 160/161, 163, 165, 166/167, 168, 169, 170, 171, 172, 173, 175, 176/7, 178, 179, 180, 187, 190, 196 r, 203, 214
Keystone: S. 30 u, 95
Koblet, Peter Hugo: S. 216, 217
L'Equipe/EQ Images: Umschlagvorderseite, S. 2/3, 8/9, 10/11, 12/13, 14/15, 18/19, 23, 24, 25, 28/29, 30 o, 31, 32/33, 35, 38, 39, 40/41, 42, 43, 44, 45, 46/47, 48/49, 52/53, 54, 55, 57, 58/59, 60, 61, 62, 64/65, 66/67, 69, 70/71, 73, 74, 75, 76/77, 81, 82, 83, 84/85, 86, 90/91, 92, 97, 98, 125, 127, 129, 230/231
Martin, Hans: 80
RDB: 89, 93, 102, 107, 108/109, 111, 117, 119, 130 l, 151, 153, 155, 157, 162, 197 o, 199 (Milou Steiner), 200/201, 209 (Sigi Maurer)
Riniker, Hans: S. 141, 212 o, 213
Scheiwiller, Walter: S. 6/7, 27, 100, 101, 133, 137, 181, 183, 184, 186, 188/189, 191, 192/193, 195, 196 l, 210/211, 215
Schnyder, Peter: S. 17, 56, 88, 105, 106, 174, 197 u, 212 u, 225
Tip: S. 136
Vicare, Vincenzo: S. 147
von Büren, Armin: S. 182, 185, 194
Prägung auf Einband: Arnold Kübler, Velodyssee Diogenes Verlag 1952